Dans la série **Psychiatrie / Psychanalyse**

Dominique Barbier	*La recherche en psychiatrie et l'idée de guérison.*
Dominique Barbier	*Don quichottisme et psychiatrie.*
Philippe Carrer	*Œdipe en Bretagne.*
Jacques Chazaud	*Hystérie - Schizophrénie - Paranoïa.*
Jacques Chazaud	*Petit vocabulaire raisonné de la psychanalyse.*
Jean-Baptiste Fages	*Comprendre Jacques Lacan.*
Nicole Fabre et Gilbert Maurey	*Le rêve-éveillé analytique.*
Jean Gillibert	*Guérir en psychanalyse.*
Jean Guillaumin	*Quinze études psychanalytiques sur le temps.*
Otto Kernberg	*Les troubles limites de la personnalité.*
Michel Landry	*Le psychiatre au tribunal.*
Michel Legrand	*La psychiatrie alternative italienne.*
Pierre Marchais	*Les processus psychopathologiques de l'adulte.*
Pierre Marchais	*Permanence et relativité du trouble mental.*
Pierre Marchais	*Le phénomène moral.*
Donald Meltzer	*Le développement kleinien de la psychanalyse.* *Tome 1 / L'évolution clinique de Freud.* *Tome 2 / L'évolution clinique de Klein.*
J.F. Reverzy	*La folie dans la rue.*
Joseph Sandler, Hansi Kennedy, Robert L. Tyson	*Techniques de psychanalyse de l'enfant.*
Henri Sztulman, André Barbier, Jacques Caïn (sous la direction de)	*Les fantasmes originaires.*

La personnalité narcissique

Otto Kernberg

La personnalité narcissique

Préface de
Daniel Widlöcher

Traduit de l'américain par
Daniel Marcelli

Privat

Cet ouvrage constitue la traduction de la deuxième partie de
Borderline conditions and pathological narcissism,
édité par Jason Aronson, Inc. 59 Fourth Avenue,
New-York, N. Y. 10003 U.S.A.
La première partie a paru dans la même collection sous le titre
Les troubles limites de la personnalité.

Direction scientifique pour l'édition française
Jacques Chazaud

Nouvelle édition 1991.

ISBN : 2-7089-7816-0

Préface à l'édition française

Avec ce volume, s'achève la traduction française de l'ouvrage *Borderline conditions and Pathological narcissism.* On retrouve, bien entendu, des caractéristiques communes, et, tout d'abord, une démonstration exemplaire de l'application d'une clinique psychanalytique à la psychopathologie. Par clinique psychanalytique il faut entendre l'ensemble des modes de pensée qui, dans le cadre d'une situation psychanalytique, témoignent d'une organisation particulière spécifiée. C'est l'individualisation d'un tel mode de pensée, sa généralisation à ce que l'on observe chez un certain nombre de patients, qui autorise à en proposer la description comme un système, une forme d'organisation d'activité mentale ayant valeur de syndrome. Cette perspective se situe à mi-distance entre une nosologie qui tente de classer les patients en fonction d'un mode particulier de pensée qui définirait une maladie mentale ou une structure globale de personnalité, et une approche individuelle qui, soucieuse de faire justice à ce qu'a de particulier l'histoire de chacun, réduit la psychopathologie à une approche purement existentielle. Le terme de syndrome ne doit donc pas faire illusion. Il ne définit pas un ensemble de symptômes révélateurs d'un quelconque trouble fondamental de la personnalité. Il caractérise seulement un ensemble d'opérations mentales qui, au sein d'une variance d'attitudes, apparaît comme une configuration relativement stable et repérable chez des patients qui diffèrent par ailleurs par d'autres traits.

Cette clinique psychanalytique s'individualise en outre

par le fait que les attitudes mentales observées se révèlent dans une situation particulière, l'investigation psychanalytique. Les progrès de la psychopathologie psychanalytique tiennent à l'extension de cette investigation à des formes cliniques qui ne relevaient pas des indications de la psychanalyse, proprement dite, et qui sont traitées par des approches psychothérapiques qui s'inspirent de la psychanalyse. Le terme de psychothérapie psychanalytique mérite d'être précisé. Kernberg entend ici une forme dérivée de la psychanalyse, où certains paramètres classiques doivent être modifiés. La référence à la réalité psychique telle qu'elle s'exprime dans le transfert ne doit pas exclure une référence à ce qui est vécu dans la réalité extérieure. Les passages à l'acte ne doivent pas être considérés comme des défenses mais comme un mode d'expression qui doit être interprété. Le contre-transfert n'est pas seulement un obstacle à l'activité mentale de l'analyste, mais un indicateur privilégié des effets que la structure mentale du patient cherche à créer dans l'activité mentale du thérapeute. Il est nécessaire d'interpréter tôt les constituants négatifs du transfert, l'effet destructeur des fantasmes d'agression. Faute de ces aménagements, la psychanalyse risque de précipiter des désorganisations du fonctionnement mental qui n'ont aucune valeur thérapeutique. Souvent, même, la psychothérapie doit être complétée, au dehors, par des conseils, des soins médicamenteux et des mesures d'hospitalisation qui permettent au travail psychothérapeutique de se dérouler sans trop de heurts.

Cette application de la psychanalyse n'a, on le voit, rien de commun avec la psychothérapie qui résulte d'une édulcoration des paramètres habituels et du cadre formel de la psychanalyse. Des séances espacées et courtes, l'usage éclectique et chaotique d'attitudes thérapeutiques variées, un assouplissement de la règle d'abstinence, de nombreux compromis en fonction des passages à l'acte, une attitude hyperactive ou, au contraire, passive caractérisent cette forme de psychothérapie. On peut déjà en discuter fort sérieusement l'utilité dans la thérapeutique des organisations névrotiques.

Avec Kernberg il faut souligner leur inutilité et leur nocivité dans les organisations pathologiques dont il est ici question. Le cadre psychothérapique applicable à ces organisations présente des difficultés techniques et contre-transférentielles qui ne constituent pas une facilitation mais témoignent d'exigences accrues au regard de la psychanalyse.

D'un point de vue théorique, on retrouvera dans l'étude des organisations narcissiques ce que l'on peut relever dans celle des organisations limites. Kernberg fait un large usage de la théorie des relations d'objet qui complète heureusement, pour lui, la psychologie du moi et la théorie des pulsions. Son orientation influence largement, et reflète également, un courant de pensée de plus en plus développé aux Etats-Unis et dont nous n'avons qu'une faible connaissance dans les pays de langue française ; ceci est d'autant plus regrettable que l'on peut constater dans ce mouvement une convergence avec des courants de pensée européens. Par relation d'objet, il faut entendre non un style d'interaction avec autrui, mais un mode d'organisation fantasmatique, un type de rapport imaginaire avec un objet plus ou moins soutenu par la perception d'autrui. Dans la mesure où toute relation fantasmatique d'objet implique un rapport imaginaire entre une représentation de soi et une représentation d'objet, dans la mesure, également, où chaque fantasme devient partie constituante de la réalité psychique, on peut avancer que ces relations d'objet deviennent constitutives de la personnalité et contribuent à l'individuation de la personne.

Le narcissisme, dans cette perspective, ne peut plus être défini comme le simple retour de la pulsion libidinale sur le sujet, vue trop théorique et trop simple, mais comme l'intériorisation d'un ensemble de représentations de soi et de représentations d'autrui qui constituent des systèmes de rapports intrapersonnels. La représentation globale de soi résulte de ces représentations partielles. Mais le destin de ces représentations obéit à des mécanismes complexes qui expliquent la diversité des formations narcissiques. Habituellement, les instances du moi et du surmoi reflètent des attitudes qui créent des perceptions de soi différenciées : conscience de soi, amour de soi, idéal de soi. Ce sont les aléas de ces intériorisations, donnant à la formation de l'image de soi des particularités de développement, qui expliquent la diversité des organisations narcissiques. Le soi, pour Kernberg, n'est pas une instance qui s'ajoute au moi et au surmoi ; il résulte d'un système de représentations, conséquence des attitudes du moi et du surmoi ou d'une carence de leur organisation. Pour bien suivre sa pensée, il faut se dégager d'une assimilation du moi de la théorie psychanalytique avec le moi des philosophes et des phénoménologistes. Kernberg reste fidèle à la métapsychologie hartmanienne, en opposition absolue à la conception d'un Federn par exemple. Pour lui, le moi définit les attitudes, les opérations de la pensée qui rendent possible une activité mentale de type secondaire, adaptée au réel extérieur. C'est l'activité du moi qui permet la construction du soi cohérent et intégré. Le narcissisme normal résulte de ce type d'activité et de différenciation du moi et nous verrons que la pathologie du narcissisme étudiée dans cet ouvrage définit un trouble de cette organisation. La représentation de soi est une conséquence de l'activité du moi, non son moteur.

La deuxième remarque d'ordre théorique qui éclaire le texte porte sur la notion de structure psychopathologique. Nous y avons déjà fait allusion. On aurait tort d'entendre ici les conceptions de trouble narcissique grave ou d'organisation limite comme des entités nosologiques. Il s'agit de structures partielles qui définissent un ensemble d'opérations de pensée et de relations intersystémiques qui constituent un ensemble isolable sur le plan descriptif clinique, relativement stable pour un sujet donné et qui tend à se perpétuer grâce à un renforcement dynamique qui tient à ses effets externes ou internes. Dans le champ incertain de la pathologie du narcissisme, de telles structures partielles s'articulent avec d'autres structures partielles, donnant des tableaux cliniques variés. Ainsi, une structure narcissique peut-elle ou non s'associer avec une organisation limite de la personnalité. Il s'agit là d'un cas particulier d'une conception psychopathologique plus large. On peut parler d'une organisation de la personnalité par emboîtements successifs, et variables d'un individu à l'autre, de structures partielles.

Ce qui rend l'étude de ces cas encore plus complexe, c'est qu'à ce principe d'emboîtement s'ajoute la notion d'un *continuum* entre certaines structures. L'étude des adolescents ou celle de l'homosexualité montre bien que l'on doive distinguer différentes formes d'aménagement narcissique et que l'on puisse distinguer par leur gravité des formes allant du narcissisme normal au narcissisme le plus pathologique, celui qui caractérise les troubles narcissiques graves que Kernberg étudie principalement. Mais ces structures narcissiques qualitativement différentes varient elles-mêmes en intensité et il faut ici tenir compte d'un point de vue quantitatif. Un désordre narcissique grave, comme celui qui est décrit ici peut chez certains patients occuper une place discrète dans l'économie générale de leur personnalité ou envahir le champ de leur fonctionnement mental en créant des troubles cliniquement évidents et graves. Tout ceci explique que nous ne devons pas nous contenter d'un diagnostic de structure pathologique mais que nous devons évaluer, pour chaque cas, la manière dont il s'articule avec d'autres traits psychologiques et la place qu'il occupe dans la vie mentale.

Sous un autre angle les chapitres rassemblés dans cet ouvrage sont occupés par un large débat avec les conceptions de H. Kohut. D'un point de vue descriptif Kernberg s'accorde avec les vues de Kohut, il reprend la notion de « soi grandiose » et souligne le rôle de cette représentation mégalomaniaque et peu différenciée de soi qui se dissimule derrière les signes apparents de dépression et les sentiments d'infériorité.

Mais les divergences apparaissent nettement quand il s'agit d'apporter une explication psychopathologique. Kernberg ne conçoit pas l'organisation narcissique de ces patients comme le résultat d'une fixation à un stade archaïque du développement du narcissisme. Il y voit le résultat d'une mauvaise différenciation des instances psychiques qui fait du « soi grandiose » un agglomérat de relations d'objet idéalisées et intériorisées, de représentations de soi mal différenciées, et de représentations pathologiques de l'idéal du moi. Il s'agit donc bien d'une pathologie mixte du ça, du moi et du surmoi, due en grande partie à la charge excessive des pulsions agressives archaïques. Plus proche, en cela, de M. Klein que de H. Kohut, il croit moins à la valeur réparatrice de la psychothérapie qu'à l'interprétation des conflits archaïques d'ambivalence.

Autre différence, le rapport entre les structures psychotiques et le narcissisme pathologique. Kohut oppose nettement les organisations narcissiques graves aux personnalités schizoïdes. Kernberg défend un point de vue plus nuancé et à certains moments difficile à suivre. D'une part, il note que dans ces organisations narcissiques on observe des mécanismes de défense qui sont identiques à ceux que l'on observe dans les organisations limites (Projection, Clivage). Mais, en principe, l'organisation narcissique grave ne s'accompagne pas de la désorganisation du moi que l'on observe dans les organisations limites. Une meilleure cohérence du soi en résulte qui explique l'impression de moindre gravité clinique et la conservation d'une relative adaptation sociale. Toutefois ce qui vient compliquer les choses, c'est la fréquence avec laquelle une organisation narcissique s'emboîte dans une organisation limite de la personnalité rendant caduques les distinctions cliniques précédentes.

Telles sont, à mon sens, les grandes lignes de la conception que nous propose Kernberg. Mais que le lecteur ne s'inquiète pas exagérément de la subtilité des discussions théoriques. L'expérience clinique de l'auteur en facilite l'accès. De nombreuses vignettes cliniques les illustrent. Il faut savoir gré à Daniel Marcelli de nous donner une traduction qui allie la clarté du style et l'exactitude. C'est une tâche toujours difficile.

Daniel WIDLÖCHER

Remarques du traducteur

En anglais, les termes construits avec le préfixe « self » sont extrêmement nombreux. Nous avons essayé de conserver la même construction au risque d'alourdir quelque peu le texte français, mais ceci nous a paru indispensable pour conserver la cohérene et la clarté théorique concernant le concept du « soi ». Ainsi, nous avons refusé de traduire « self-regard » par son équivalent français « amour-propre », car nous perdions de ce fait la référence au soi, comme concept métapsychologique. Dans de rares cas, nous avons traduit « self » par « auto » ou « ego ». Afin d'en informer le lecteur, nous donnons à la fin de ces notes, un glossaire de l'ensemble des termes anglais construits avec le préfixe « self » rencontrés dans cet ouvrage.

Le terme « paranoïde » est largement utilisé, et correspond en français à différentes acceptations. On peut considérer qu'il recouvre trois qualificatifs : persécutif, paranoïaque et paranoïde. Néanmoins, opter pour l'une ou l'autre de ces significations, risquerait d'aboutir à une interprétation du texte, c'est pourquoi nous avons conservé le seul terme de « paranoïde ». Le lecteur voudra bien nous en excuser et, se souvenir que sa signification est ici plus large que celle qu'on lui attribue classiquement dans la nosographie psychiatrique française.

Ce volume constitue les quatre derniers chapitres de l'ouvrage d'Otto Kernberg *Bordeline Conditions and Pathological Narcissism.* La première partie a été publiée sous le titre *Les troubles limites de la personnalité,* Toulouse, Ed. Privat, 1979, Daniel Marcelli traducteur. La lecture de cette première partie n'est pas indispensable à la compréhension des positions théoriques de l'auteur concernant les structures narcissiques. Toutefois, il existe un recoupement partiel auquel l'auteur fait parfois allusion, et qu'il développe dans chacune des deux parties. L'astérisque * dans le texte présenté ici, renvoie à la première partie *Les troubles limites de la personnalité* en particulier aux chapitres 1 et 4.

Glossaire des termes anglais construits avec le préfixe « self », rencontrés dans cet ouvrage

self-absorption : préoccupation de soi, pp. 66, 142, 146.
self-affirmation : affirmation de soi, p. 111.
self-aggrandizement : élargissement de soi, p. 40.
self-analysis : auto-analyse, p. 110.
self-awarness : conscience de soi, p. 149.
self-centredness : égocentrisme, pp. 25, 137.
self-concept : concept de soi, pp. 95, 128.
self-control : contrôle de soi, p. 26.
self-criticisme : autocritique, pp. 131, 132.
self-esteem : estime de soi, pp. 36, 39, 60, 130, 131, 132, 133, 135, 146, 156, 160, 163.
self-evaluation : évaluation de soi, p. 96.
self-expectation : espérance de soi, p. 135.
self-experience : expérience de soi, p. 60.
self-feeling : sentiment de soi, pp. 129, 130, 163.
self-idealisation : idéalisation de soi, p. 41.
self-investment : investissement de soi, p. 137.
self-involved : préoccupé de soi, p. 40.
self-love : amour de soi, pp. 27, 137.
self-observing : s'auto-observant, p. 82.
self-reference : référence à soi, p. 24.
self-regard : respect de soi, pp. 23, 24, 130, 156, 163.
self-righteousness : certitude de soi, p. 143.
self-satisfied : satisfait de soi, p. 170.
self-structure : structure de soi, p. 83.

Avant-propos

Otto Kernberg apporte à l'analyse et à l'étude du comportement humain ses dons de chercheur, de clinicien et de théoricien original et son talent de synthèse d'approches différentes, et il élabore ainsi une remarquable ossature de références pour intégrer les nombreux cas pathologiques. Ses travaux sur des sujets aussi différents que le test de Rorshach, divers syndromes névrotiques, la théorie des relations d'objet, le contre-transfert, l'école klenienne, la pathologie de la personnalité, la capacité d'aimer, l'état limite, la terminaison d'une psychothérapie ou d'une analyse, la nature et le traitement des personnalités narcissiques et le traitement hospitalier des schizophrènes lui ont permis de parvenir à une réputation internationale justifiée d'un psychanalyste d'une vision et d'une perspicacité remarquables. Ses travaux ont fourni aux psychothérapeutes et psychanalystes un aperçu essentiel sur la nature de certains de leurs patients les plus déconcertants et les moins compréhensibles, et leur ont apporté d'importantes aides techniques pour la clinique. Ce livre représente ses travaux les plus connus sur les organisations limites de la personnalité et ses contributions les plus brillantes. Otto Kernberg est à la tête de ces psychanalystes qui ont montré que les applications de la psychanalyse classique nous apportent la compréhension la plus significative et la plus profonde des divers syndromes psychopathologiques, y compris ceux qu'on rencontre chez nos patients les plus perturbés et les plus difficiles.

Docteur Robert Langs

Remerciements de l'auteur

Ce livre regroupe les études qui proviennent de mon travail dans le cadre du projet de recherche en psychothérapie de la Fondation Menninger. Je remercie le Dr Robert Wallerstein, précédent directeur de ce projet et directeur de recherche à la Fondation Menninger, de m'avoir stimulé et encouragé à poursuivre mon travail particulier sur les états limites dans le cadre de ce projet. Sous sa direction et également par la suite, lorsque, après le départ du Dr Wallerstein de Topeka, je devins le directeur de ce projet de recherche, j'ai eu le privilège de bénéficier du soutien efficace et des critiques constructives de toute l'équipe collaborant à ce projet. Parmi eux, je suis particulièrement redevable aux Drs Gertrude Ticho, Ernst Ticho, Anne Appelbaum, Stephen Appelbaum, Leonard Horwitz, Esther Burstein et Lolafaye Coyne, qui ont lu les divers articles que comprend ce livre et avec lesquels, j'ai pu en discuter en détail. Les idées du Dr Ernst Ticho sur la relation et les différences entre psychanalyse et psychothérapie ont largement influencé ma technique d'approche des patients limites.

D'autres amis et collègues m'ont aidé et stimulé parmi lesquels le Dr Herman Van der Waals, précédent directeur du Topeka Institut For Psychanalysis et du C. F. Menninger Memorial Hospital ; ses idées m'aidèrent à développer mes formulations sur les personnalités narcissiques et leur traitement ; le Dr Jerome D. Frank, professeur émérite de psychiatrie à la Johns Hopkins University School of Medecine, et directeur du centre de recherche en psychothérapie de la

Henry Phipps Clinic qui m'initia aux méthodes et formulations difficiles de la recherche psychologique.

Mrs. Virginia Eicholtz, secrétaire du Bulletin of the Menninger Clinic, fut très patiente et assez persuasive cependant, pour que mon anglais se transforme en un véritable anglais.

Ma femme, le Dr Paulina Kernberg, fut ma critique la plus inventive et la plus créatrice. Sans ses interrogations constantes et ses encouragements lorsqu'elle lisait mes travaux, je n'aurais pas pu les effectuer.

Enfin, je suis profondément reconnaissant à Mrs Mary Patton, secrétaire de direction du C. F. Menninger Hospital, et à Mr. Jean Thomas, secrétaire du General Clinical Service of the New-York State Psychiatric Institute, pour leur dévouement, leur précision, et leur extraordinaire efficacité dans la préparation de la publication de ce livre.

Note liminaire de l'auteur

Ce livre présente une analyse systématique des états limites - la psychopathologie, le diagnostic, le pronostic et le traitement. Il représente trente années d'efforts pour développer un concept de cet ensemble psychopathologique contreversé et étendu, à la lumière de la psychologie du moi et des théories psychanalytiques contemporaines des relations d'objet.

Parmi les patients présentant ces états limites, un sous-groupe, les personnalités narcissiques, posaient un problème particulièrement difficile ; ils paraissaient semblables aux cas habituels, et pourtant sur certain point, ils en différaient ; ils paraissaient avoir une organisation défensive semblable aux états limites et, cependant certains présentaient un fonctionnement social bien meilleur. Les tentatives pour clarifier cela et aussi d'autres problèmes cliniques posés par les personnalités narcissiques me conduisirent à une conception particulière du diagnostic et du traitement de ces patients : le sujet de cette présente étude.

Les références bibliographiques à la fin de chaque chapitre, ont été reproduites telles qu'elles figurent dans l'édition originale américaine de l'ouvrage, même lorsque dans des cas assez rares, tels que les textes de Freud, il s'agit d'études dont il existe une traduction française.

I

Le traitement de la personnalité narcissique

[227]* Dans ce chapitre, j'aborderai l'étiologie, le diagnostic, le pronostic et certains aspects du traitement des patients qui présentent une structure narcissique. Je ne compte pas traiter ce sujet de façon exhaustive, mais j'espère apporter un nouvel éclairage sur certains domaines. Ce chapitre traite principalement du problème clinique du narcissisme et de considérations métapsychologiques que nous présenterons brièvement lorsque celles-ci concernent l'étiologie du narcissisme pathologique. Le problème plus vaste de la théorie du narcissisme en psychanalyse sera envisagé au chapitre 3.

Dans un ouvrage précédent **, j'ai déjà dit que l'on avait utilisé le terme descriptif de narcissisme avec abus mais qu'il existe là un groupe de patients où le principal problème semble être une perturbation de leur respect de soi en rapport à des perturbations spécifiques dans leur relation d'objet, groupe que nous pouvons considérer presque comme un pur produit du développement pathologique du narcissis-

---

* Pour faciliter une lecture parallèle de l'édition anglaise et de la présente édition française, nous avons reproduit entre crochets [] la pagination de l'édition originale.

** *Les troubles limites de la personnalité*, chapitre premier, *op. cit.*

me. C'est pour ces patients que je réserverai le terme de personnalité narcissique. Apparemment ces patients peuvent ne pas présenter de perturbations graves de leurs conduites ; quelques uns peuvent avoir une très bonne adaptation sociale et ils ont habituellement un bien meilleur contrôle pulsionnel que les personnalités infantiles.

Dans leurs relations aux autres, ces patients présentent un degré inhabituel de référence à soi, un grand besoin qu'on les aime et les admire, et une curieuse contradiction apparente entre un concept hypertrophié d'eux-mêmes et un inhabituel besoin de louanges. Leur vie affective est superficielle. Ils éprouvent peu d'empathie pour les sentiments des autres, ils retirent de la vie [228] très peu de satisfactions en dehors des louanges que les autres ou leur propre fantasme grandiose leur procurent ; ils s'inquiètent et s'ennuient dès qu'ils ne sont plus sous les projecteurs et qu'aucune nouvelle source n'alimente leur respect de soi. Ils envient les autres, tendent à idéaliser une personne dont ils escomptent des apports narcissiques et à dévaloriser et traiter avec mépris ceux dont ils n'ont rien à attendre (souvent leurs précédentes idoles). En général il est clair qu'ils exploitent les autres dans leurs relations ou qu'ils se comportent en parasite. C'est comme s'ils estimaient avoir le droit de contrôler et de posséder les autres et de les exploiter sans aucun sentiment de culpabilité - et sous une surface qui est souvent charmante et engageante on ressent de la froideur et de la rudesse. Très souvent, on considère que ces patients dépendent des autres du fait de leur besoin de louanges et d'adoration mais à un niveau plus profond, ils sont totalement incapables de dépendre réellement de quiconque à cause de leur profonde méfiance et dévalorisation d'autrui.

L'exploration analytique démontre très souvent que leur conduite hautaine, grandiose et manipulatrice est une défense contre des traits paranoïdes liés à la projection d'une rage orale qui est au centre de leur psycho-pathologie. En surface, ces patients semblent présenter une absence remarquable de relation d'objet ; à un niveau plus profond, leurs interactions traduisent de très intenses et primitives relations d'objet internalisées d'aspect effrayant et une incapacité à pouvoir compter sur de bons objets internalisés. On peut considérer que la personnalité anti-sociale est un sous-groupe des personnalités narcissiques. La structure anti-sociale présente cette même configuration de traits que je viens de mentionner associée à une grave pathologie du surmoi.

Les principales caractéristiques de ces personnalités narcissiques sont un sentiment de grandeur, un égocentrisme extrême, une absence remarquable d'intérêt et d'empathie pour les autres, bien qu'ils soient tellement avides d'obtenir admiration et approbation. Ces patients ressentent une envie très intense à l'égard de ceux qui semblent posséder les choses qu'ils n'ont pas ou qui simplement semblent tirer plaisir de leur vie. Non seulement ils manquent de profondeur affective et n'arrivent pas à comprendre les émotions complexes des autres, mais leurs propres sentiments ne sont pas [279] modulés et connaissent de rapides flambées suivies de dispersion. Ils ignorent en particulier les sentiments véritables de tristesse et de deuil ; cette incapacité à éprouver des réactions dépressives est un trait fondamental de leur personnalité. Lorsqu'on les abandonne ou qu'on les déçoit, ils peuvent se montrer apparemment déprimés mais à un examen attentif, il s'agit de colère ou de ressentiment avec des désirs de revanche plutôt qu'une véritable tristesse pour la perte de la personne qu'ils appréciaient.

Certains patients avec des personnalités narcissiques présentent de vifs sentiments conscients d'insécurité et d'infériorité. Parfois, ces sentiments d'infériorité et d'insécurité peuvent alterner avec des sentiments de grandeur et des fantasmes d'omnipotence (10). Parfois, et seulement après un certain temps d'analyse, des fantasmes inconscients d'omnipotence et de grandeur narcissique émergent à la surface. La présence d'une contradiction extrême dans leur concept de soi est souvent la première manifestation clinique de la profonde pathologie du moi et du surmoi cachée sous une surface uniforme et sous un fonctionnement social efficace.

L'organisation de leurs défenses ressemble tout à fait à celle de l'organisation limite de la personnalité. Ils présentent une prédominance de mécanismes défensifs primitifs tels que clivage, déni, identification projective, omnipotence et idéalisation primitive. On y retrouve aussi la qualité intense et primitive des conflits agressifs oraux caractéristiques des patients limites. Ce qui distingue nombre de ces patients avec une personnalité narcissique, de l'habituel patient limite, c'est une adaptation sociale assez bonne, un meilleur contrôle pulsionnel, et ce qu'on pourrait décrire comme un potentiel de « pseudo-sublimation », c'est-à-dire une capacité à un travail actif et efficace dans certains domaines, ce qui leur permet de satisfaire en partie leurs ambitions de grandeur et d'obtenir qu'on les admire. Les patients très intelligents qui ont cette structure de personnalité, peuvent dans leurs activités faire preuve d'inventivité : on trouve souvent des personnalités narcissiques parmi les directeurs de groupes industriels ou les membres d'institutions académiques ; il peut s'agir aussi d'artistes éminents dans certains domaines. Toutefois une observation attentive et prolongée de leur production [230] mettra en évidence l'aspect brillant mais superficiel de leur travail, le manque de profondeur qui, sous le brio, traduit en réalité le vide. Très souvent il y a les génies « en herbe » qui surprennent ensuite par la banalité de leur évolution. Ils sont aussi capables d'exercer un contrôle de soi dans les situations sources d'angoisse ; toutefois, l'exploration analytique montre que leur tolérance à l'angoisse est obtenue au prix d'une augmentation de leurs fantasmes narcissiques et d'un retrait dans un « splendide isolement ». Cette tolérance à l'angoisse ne traduit pas une capacité authentique à s'accommoder d'une réalité perturbante. En résumé, le fonctionnement en surface de la personnalité narcissique est bien meilleur que celui du patient limite habituel ;

toutefois, leur potentiel de régression jusqu'à un fonctionnement psychotique lorsqu'on entreprend une analyse — peut surprendre l'analyste.

A. *ASPECTS ETIOLOGIQUES ET DYNAMIQUES*

Une précédente tentative pour classer le caractère narcissique parmi les types libidinaux (5)* n'a dans l'ensemble pas été acceptée, pour les raisons qu'en donne Fenichel (3). Van der Waals (19) a clarifié le problème du « narcissisme pathologique » : il remarque qu'un narcissisme accentué ne traduit pas simplement une fixation aux étapes précoces du développement du narcissisme et un manque d'évolution normale du développement de l'amour objectal. Il se caractérise aussi par le développement simultané de formes pathologiques de l'amour de soi et de formes pathologiques de l'amour d'objet. Selon Van der Waals, le narcissisme normal se développe en même temps que des relations d'objet normales et le narcissisme pathologique en même temps que des relations d'objet pathologiques. Il a aussi remarqué que dans la littérature psychanalytique, les problèmes cliniques du narcissisme sont mêlés aux problèmes métapsychologiques, ce qui a gêné tout progrès dans la compréhension du narcissisme pathologique.

Jacobson (6) a éclairci la relation entre la régression psychotique d'une part et la refusion défensive [231] de la représentation précoce de soi et d'objet de l'autre. Selon Jacobson aux étapes les plus précoces du développement de l'individu, lorsque les images de soi et d'objet sont distinctes l'une de l'autre, ce qui contribue au développement

* Ces numéros renvoient à la bibliographie se trouvant en fin de chaque chapitre. Les références bibliographiques à la fin de chaque chapitre, ont été reproduites telles qu'elles figurent dans l'édition originale américaine de l'ouvrage, même lorsque dans des cas rares, tels que les textes de Freud, il s'agit d'études dont il existe une traduction française.

de l'épreuve de réalité et des frontières du moi, des frustrations très sévères dans les relations aux objets précoces et importants peuvent provoquer de dangereuses refusions des images de soi et d'objet, mécanisme qui permet à l'individu d'échapper aux conflits entre le besoin et la crainte de l'objet externe. Dans ces circonstances, il peut survenir un estompage des frontières du moi, une perte de l'épreuve de réalité, donc une régression psychotique. Une telle évolution ne se produit pas dans le cas des personnalités narcissiques dont les frontières du moi sont stables et dont l'épreuve de réalité est préservée. A. Reich (10) a suggéré que chez les personnalités narcissiques une fusion régressive intervient entre l'idéal du moi primitif et le soi.

Je pense que doit apparaître un processus de refusion des images internalisées de soi et d'objet chez les personnalités narcissiques là où les frontières du moi sont presque devenues stables. A ce point il y a une fusion du soi idéal, de l'objet idéal, et des images du soi présent, ce qui est une défense contre une réalité intolérable dans le domaine relationnel avec une dévalorisation et une destruction concomitante des images d'objet tout autant que des objets externes. Dans leurs fantasmes, ces patients s'identifient aux images de leur propre soi idéal afin de dénier la dépendance normale envers les objets externes et envers les représentations internalisées des objets externes. C'est comme s'ils disaient : « je n'ai pas à craindre d'être rejeté pour ne pas avoir été à la hauteur de mon idéal du moi qui seul peut me permettre d'être aimé par cette personne idéale dont j'imagine pouvoir être aimé. Cette personne idéale, mon image idéale de cette personne et mon soi réel ne font qu'un, ce qui est bien mieux que la personne idéale dont je voulais me faire aimer, si bien que je n'ai ainsi besoin de personne d'autre ». En d'autres termes, la tension normale entre le soi actuel d'un côté, le soi idéal et l'objet idéal de l'autre, est éliminée par l'élaboration d'un concept de soi hypertrophié dans lequel se confondent le soi présent, le soi idéal, et l'objet idéal. En même temps, les reliquats des images de soi inacceptables sont refoulés et projetés sur les objets externes qui sont dévalorisés [232]. Ce processus contraste vivement avec la différenciation normale entre les images de soi idéales d'un côté et les images d'objets idéales qui toutes les deux représentent les exigences internalisées des objets de même que la satisfaction qu'accordent ces objets si ces exigences sont satisfaites. Le surmoi normal intègre les images de soi idéales et les images d'objet idéales ; la tension entre les images présentes du soi et ces images intégrées du soi devient une tension entre le moi et le surmoi. Ainsi, chez les patients dont le narcissisme est pathologique, la fusion pathologique entre le soi idéal, l'objet idéal, et les images présentes du soi empêche cette intégration du surmoi parce que le processus d'idéalisation est hautement irréaliste, ce qui entrave la condensation de ces images idéalisées avec les exigences parentales actuelles et avec les précurseurs surmoïques d'origine agressive. Ainsi les images du soi présent, qui font partie de la structure du moi, sont maintenant condensées de façon pathologique avec les précurseurs du surmoi et par conséquent elles entravent la différenciation normale du surmoi et du moi. Quoique certains éléments du surmoi soient internalisés, tels que les interdits parentaux, ils conservent un aspect déformé, primitif et agressif parce qu'ils n'ont pas été intégrés aux éléments d'amour du surmoi qui normalement proviennent des images de soi et d'objet idéales et qui manquent chez ces patients (15). Parce que l'intégration aux autres précurseurs du surmoi reste faible, le surmoi agressif et primitif est facilement reprojeté sous la forme de projections paranoïdes. Il faut noter que la nature agressive et primitive de leur surmoi provient finalement de l'intensité des fixations de leur agressivité orale. Les patients narcissiques s'adaptent de façon caractéristique aux exigences morales de leur entourage parce qu'ils craignent les attaques dont ils seraient l'objet s'ils ne s'y conformaient pas et parce que cette soumission semble être le prix qu'ils doivent payer pour être glorifiés et admirés ; par conséquent, on découvre souvent que ces patients, qui n'ont jamais eu de conduite anti-sociale, se considèrent eux-mêmes comme « retors » et comme capables d'une conduite anti-sociale « s'ils pouvaient s'en tirer impunément » ; inutile de dire qu'ils vivent aussi les autres personnes comme fondamentalement malhonnêtes et pensent qu'on ne peut pas compter dessus sinon par des craintes externes. Ce concept d'eux-mêmes et d'autrui [233] devient bien sûr très important dans le transfert.

Un résultat de la fusion défensive du soi idéal, de l'objet idéal, et des images du soi présent est la dévalorisation et la destruction non seulement des objets externes mais aussi des images d'objet internalisées. En fait, ce processus ne va jamais jusqu'à ce qu'il n'y ait plus de représentations internes des objets externes : il serait probablement impossible de vivre dans de telles conditions. Vouloir être admiré et aimé des autres nécessitent que les autres apparaissent quand même un peu « vivants » aussi bien à l'intérieur qu'à l'extérieur. Les reliquats des représentations d'objets internalisées prennent les caractéristiques de personnes réelles mais plutôt comme des ombres pétrifiées. Chez ces patients cette manière de ressentir les autres, en particulier ceux qui ne sont pas idéalisés comme des ombres pétrifiées ou des marionnettes, est tout à fait prévalente. Les personnes idéalisées dont ils semblent « dépendre » s'avèrent régulièrement être les projections de leur propre concept de soi hypertrophié. Des représentations idéalisées de soi, les « ombres » des autres, et - comme on pourrait le dire - les ennemis redoutés représentent l'ensemble du monde intérieur de ces patients. Un patient narcissique a le sentiment que sa relation à autrui est une pure exploitation, comme s'il « pressait un citron et qu'il en rejette les résidus ». Les gens lui paraissent soit posséder une nourriture potentielle qu'il doit extraire, soit déjà vidés et par conséquent sans valeur. En outre, parfois ces ombres externes semblent soudain être investies de grands et dangereux pouvoirs, lorsque le patient y projette les caractéristiques primitives de son propre surmoi et de sa tendance à exploiter. Son attitude à l'égard des autres est faite soit de dévalorisation - il a extrait tout ce dont il avait besoin et les rejette - soit de crainte - les autres peuvent l'attaquer, l'exploiter et le contraindre. Au fond de cette dichotomie siège une image encore plus intime de relation aux objets externes, précisément celle contre laquelle le patient a érigé toutes ses autres structures pathologiques. C'est l'image d'un soi hargneux, enragé, vide, sauf de la colère impuissante d'être frustré et effrayé d'un monde qui semble aussi haineux et revanchard que le patient lui-même. On ne peut percevoir ce niveau le plus profond du concept de soi des patients narcissiques que tardivement dans le cours de leur traitement analytique [234] sauf dans le cas de patients narcissiques dont les traits limites sont manifestes et où ceci se révèle tout à fait facilement. Les psychanalystes anglais qui ont analysé ces patients ont montré l'importance centrale de cette crainte fondamentale d'attaque et de destruction. Chez les patients moins désorganisés, c'est-à-dire les personnalités narcissiques avec un moi un peu plus fort, on rencontre parfois dans le transfert des tendances paranoïdes avec des sentiments de vide, de rage, et de crainte d'être attaqué. A un niveau de moindre régression, les reliquats accessibles de ces images de soi révèlent le tableau d'une personne vile, miséreuse, vide, qu'on laisse toujours « au dehors », rongée par l'envie de ceux qui possèdent bonheur, réputation, nourriture. Souvent on ne peut distinguer entre les reliquats des images de soi primitives de ce type et les reliquats des images d'objet dévalorisées qui ont cet aspect d'ombre. On observe en particulier ce concept dévalorisé de soi chez les patients narcissiques qui divisent le monde en deux : les personnes fameuses, riches et grandes d'un côté, et les personnes méprisables, viles et « médiocres » de l'autre. Ces patients ont peur de ne pas appartenir à la compagnie des grands, des riches, des puissants mais d'appartenir plutôt à celle des « médiocres », terme qui pour eux signifie méprisable et vil plutôt que « banal » au sens habituel du terme. Après de nombreuses années d'analyse, un patient commença à désirer devenir « banal », signifiant par là qu'il voulait être capable de prendre plaisir à être une personne ordinaire sans ce besoin envahissant de se sentir grand et important afin d'effacer les sentiments de dévalorisation et d'inutilité.

Qu'est-ce qui provoque cette fusion cruciale et pathologique du soi idéal, de l'objet idéal et des images du soi présent ? Chez ces patients, il existe une augmentation pathologique de l'agressivité orale et il est difficile d'évaluer jusqu'à quel point ce développement représente une forte pulsion agressive d'origine constitutionnelle, un manque de tolérance à l'angoisse face aux pulsions agressives d'origine constitutionnelle, ou s'il est le fait de frustrations graves dans les premières années de leur vie.

Au fond de ces patients les figures parentales ont souvent un aspect inaffectif avec une agressivité masquée mais intense. Les nombreux cas que j'ai pu examiner ou traiter, composent le tableau [235] d'une figure parentale, habituellement la mère ou un substitut maternel, qui en surface fonctionne bien, au sein d'un foyer en surface bien organisé, mais qui témoigne en fait d'insensibilité, d'indifférence et d'agressivité malveillante non verbalisée. Lorsque dans un tel environnement se sont développées des frustrations orales intenses, du ressentiment et de l'agressivité, les premières bases sont installées pour que cet enfant ait besoin de se défendre contre une envie et une haine extrême. En outre ces patients présentent certains traits tout à fait particuliers qui les distinguent des autres patients limites. Les antécédents révèlent que chaque patient possédait certaines qualités innées qui objectivement pouvaient avoir suscité l'envie ou l'admiration des autres. Par exemple, une grande beauté physique ou quelques talents particuliers devinrent un refuge contre les sentiments fondamentaux de ne pas être aimé et d'être l'objet d'une haine revancharde. Parfois c'est plutôt l'utilisation narcissique par une mère froide et hostile de son enfant qui l'a rendu « spécial », l'a installé sur la voie d'une recherche d'admiration, de grandeur compensatoire et a favorisé la dévalorisation méprisante, défensive des autres. Par exemple, deux patients avaient été utilisés par leur mère comme une sorte « d'objet d'art » habillés et exposés à l'admiration publique de façon plutôt grotesque, si bien que les fantasmes de pouvoir et de grandeur, associés aux tendances exibitionnistes occupèrent le centre de leurs efforts compensatoires contre la rage orale et l'envie. Ces patients se situent souvent à un point pivot dans la structure familiale, par exemple enfant unique ou seul enfant « brillant », ou celui dont on pense qu'il comblera les aspirations familiales ; dans leurs antécédents familiaux un bon nombre d'entre eux ont joué le rôle de « génie » pendant leur enfance.

Je ne suis pas sûr que ces observations expliquent toute l'histoire. Cependant, lorsque ce type de mécanisme - la fusion défensive du soi idéal, de l'objet idéal, et des images de soi - devient actif, il est très efficace car il perpétue un cercle vicieux d'admiration de soi, de dévalorisation des autres, et d'élimination de toute dépendance actuelle. La plus grande crainte de ces patients est de dépendre de quelqu'un d'autre, parce que dépendre signifie haine, envie, et les expose au danger d'être exploités, maltraités et frustrés. Pendant le traitement, leurs principales défenses sont érigées contre la [236] possibilité de dépendre de l'analyste. La survenue d'une situation où ils se sentent dépendants provoque aussitôt le retour de la situation menaçante fondamentale de leur petite enfance (12).

Cette sorte d'incapacité de quelqu'un à dépendre d'autrui est une caractéristique tout à fait cruciale. Les patients admirent souvent un héros ou une personnalité éminente ; ils établissent avec celle-ci une relation qu'on pourrait croire de dépendance alors qu'en fait ils se vivent eux-mêmes comme une partie de cette personnalité éminente ; il s'avère régulièrement pendant le traitement, que l'individu admiré ne représente qu'une extension d'eux-mêmes. Si cette personne les rejette, ils éprouvent immédiatement haine et méfiance, et réagissent en dévalorisant leur ancienne idôle. Si cette personne admirée disparaît ou est « détrônée », ils la laissent aussitôt tomber. En fait, il n'y a pas de véritable investissement de cette personne admirée : ils en font une simple utilisation narcissique. Quand une personnalité narcissique occupe une position de réelle importance - par exemple à la tête d'institutions sociales ou politiques - elle aime s'entourer d'admirateurs auxquels elle ne s'intéresse que si leur admiration est toujours neuve. Lorsqu'elle pense avoir extrait toute l'admiration possible, les admirateurs deviennent à peine des « figurants » exploités et maltraités sans pitié. En même temps ces patients sont très choqués si l'un de leurs « esclaves » veut se libérer. Dans l'analyse cette relation se réactualise constamment. Ces patients idéalisent parfois leur analyste et sont convaincus qu'il est le plus grand analyste de la terre. En même temps, à un niveau plus profond, ils se vivent eux-mêmes comme le seul patient de l'analyste ; j'ai quasiment tel quel, retrouvé chez plusieurs patients le fantasme suivant : lorsqu'ils ne sont plus en séance, leur analyste disparaît, meurt ou perd son « brio ». De façon typique, pendant les week-ends ou lors des interruptions, ces patients oublient complètement l'analyste et ne se permettent aucune des réactions de deuil qu'induisent les séparations chez les patients névrotiques habituels. L'analyste idéalisé n'est donc qu'une extension d'eux-mêmes ou ils sont des extensions de l'analyste idéalisés ; c'est en tout cas la même situation. Le danger est de considérer ces patients comme réellement dépendants du fait de la satisfaction qu'ils retirent d'une telle « intimité ». Alors que des patients ont pendant des années parus heureux de venir à leurs séances, exprimant sans arrêt louanges et admiration à l'égard de leur thérapeute, [237] certains analystes sont surpris lorsque tout à coup ces patients veulent et peuvent interrompre la relation analytique pour la plus minime raison ou frustration.

Chez ces patients, les sentiments de vide et d'ennui sont

intimement liés à un développement étriqué de leur moi qui en fin de compte traduit leur incapacité à ressentir une dépression. De nombreux auteurs ont noté que la possibilité de tolérer un sentiment de dépression, liée à la possibilité de faire le deuil d'une perte d'un bon objet ou d'une image idéale de soi-même représente une importante condition préalable au développement affectif et en particulier à un élargissement et un approfondissement des sentiments. En outre, chez ces patients qui ont un narcissisme pathologique, la dévalorisation des objets et des images d'objet crée un constant vide dans leur vie sociale et renforce leur expérience interne de vide. Ils ont besoin de dévaloriser ce qu'ils reçoivent afin de se garder de ressentir de l'envie. C'est la tragédie de ces patients : qu'ils aient tant besoin des autres tout en étant incapables de reconnaître ce qu'ils reçoivent car cela pourrait réveiller l'envie. Par conséquent, ils en arrivent toujours au vide. Un patient était amoureux d'une femme qu'il trouvait très belle, douée, chaleureuse, en un mot tout à fait parfaite. Il prit soudain conscience qu'il la haïssait d'être si parfaite juste avant qu'elle lui répondit favorablement et acceptât de l'épouser. Après leur mariage, il s'ennuyât et éprouvât à son égard une indifférence complète. Pendant son analyse, il en vînt à comprendre qu'il traitait son analyste de la même manière ; il dévalorisait tout ce qu'il recevait de son analyste afin d'empêcher son envie et sa haine d'émerger à la surface. Peu après, il développa à l'égard de sa femme de vifs sentiments de suspicion et de haine parce que celle-ci avait tout ce que lui ne possédait pas et parce qu'il craignait aussi qu'elle l'abandonne ou le laisse encore plus démuni. En même temps, et pour la première fois, il pût prendre conscience des sentiments d'amour et de tendresse de sa femme et en être affecté. Cette prise de conscience de la manière agressive dont il dépréciait sa femme, et son analyste et l'accroissement de sa capacité à tolérer ses sentiments de haine sans avoir à s'en défendre en détruisant la [238] conscience qu'il avait des autres personnes, permirent à sa femme et à son analyste « de devenir vivants », c'est-à-dire des personnes véritables avec des exigences indépendantes, et lui permirent enfin de ressentir à leur égard non seulement haine mais aussi amour.

B. *DIAGNOSTIC DIFFÉRENTIEL*

On peut habituellement sur le plan sémiologique, distinguer les personnalités narcissiques des autres formes de pathologie de la personnalité où l'on rencontre des défenses narcissiques. Toutes les défenses ont, parmi d'autres fonctions, une fonction narcissique : elles protègent l'estime de soi. En outre dans de très nombreux types de pathologie de la personnalité, d'importantes défenses sont érigées pour protéger ou réhausser l'estime de soi. Ces derniers cas représentent « des défenses narcissiques » au sein d'une structure de la personnalité essentiellement non narcissique, et il faut par conséquent les distinguer de la personnalité narcissique au sens strict utilisé dans cet ouvrage. Ainsi par exemple, l'obstination ou le caractère opposant des personnalités obsessionnelles a souvent un important rôle narcissique ; cependant les relations humaines sont bien plus stables et profondes chez les personnalités obsessionnelles que chez les personnalités narcissiques même si en apparence toutes les deux paraissent aussi « froides ». De même, chez les personnalités narcissiques, les systèmes de valeur sont habituellement corruptibles ce qui s'oppose à la moralité rigide des personnalités obsessionnelles.

Le diagnostic différentiel de la structure hystérique n'est pas non plus très difficile. Une exagération des traits narcissiques, en particulier ceux qui sont liés aux tendances exibitionnistes, est souvent au premier plan chez les personnalités hystériques ; cependant chez l'hystérique le besoin d'être admirée, d'être le centre d'attention - habituellement une formation narcissique réactionnelle à l'envie du pénis - s'accompagne d'une possibilité de relation profonde et durable avec les autres. Les femmes narcissiques peuvent en surface paraître tout à fait « hystériques » du fait de leur exibitionnisme et de leur coquetterie, mais l'aspect froid, rigoureusement calculateur de cette séduction représente un vif contraste avec l'aspect beaucoup plus chaleureux, et les affects qu'on retrouve dans le cas de la pseudo-hypersexualité de l'hystérique.

[239] A. Reich (9) lorsqu'il analyse les types narcissiques de choix d'objet fait par les femmes tels qu'on les trouve dans l'article de Freud sur le narcissisme (4) a décrit deux types de choix d'objet qui, au sens large, correspondent à la distinction entre les défenses narcissiques chez les femmes hystériques d'un côté et la personnalité narcissique telle qu'elle se trouve décrite dans cet article de l'autre. Selon A. Reich le premier type est illustré par la femme qui se soumet complètement à l'homme représentant son propre idéal du moi infantile grandiose ; une telle femme paraît vouloir se fusionner à l'homme idéalisé, dépassant de cette façon son propre vécu d'être castré. Ces femmes peuvent établir des relations d'objet valables avec les hommes et leur désir de fusion et d'idéalisation des hommes est finalement basé sur une évaluation réaliste et discriminative des objets. Le second type de femme que décrit A. Reich, correspond aux personnalités « comme si » ; une telle femme éprouve de violentes et brèves passions pour des hommes, passions qui représentent une fusion narcissique primitive avec des objets facilement dévalorisés et peu différencés. Ce dernier type de choix d'objet traduit, selon A. Reich, une forme plus sévère de pathologie, et un manque de différenciation de l'idéal du moi qui s'accompagne d'un développement insuffisant du surmoi et d'une « prédominance de l'agressivité contre les objets sur lesquels l'idéal du moi est construit » (9).

D'un point de vue diagnostic et pronostic, il est très important pour l'analyste d'observer quel type de nouveau développement apparaît dans le transfert lorsqu'il interprète les résistances narcissiques au transfert. Une bonne étude diagnostique, où l'on prend la structure en considération, doit permettre de diagnostiquer les personnalités narcissiques des autres structures qui présentent des traits narcissiques.

Les effets de l'interprétation des résistances narcissiques au transfert pourront clarifier le diagnostic dans les cas où des doutes sur la structure persistent encore. Par exemple un patient obsessionnel peut entreprendre une analyse avec de fortes défenses narcissiques contre des craintes œdipiennes ou contre des tendances sado-masochiques ; une femme hystérique peut au début présenter de fortes défenses narcissiques contre une problématique œdipienne et en particulier contre l'envie du pénis. Dans tous les cas [240] l'analyse de ces défenses narcissiques ouvre bientôt la voie à des tendances transférentielles sous-jacentes, marquées par l'engagement dans un transfert intense et parfaitement différencié, contrairement à ce qui se passe avec des patients narcissiques. Chez ces derniers, les défenses narcissiques n'évoluent pas dans le transfert, mais restent obstinément liées aux rejetons pulsionnels primitifs agressifs oraux et liés aux opérations défensives primitives. Ici l'engagement dans le transfert prend des caractéristiques qui oscillent entre un sentiment grandiose et distant d'un côté et de l'autre des tendances primitives essentiellement paranoïdes. L'incapacité totale du patient, pendant plusieurs mois ou années de travail analytique, à ressentir que l'analyste est un objet indépendant caractérise ces personnalités narcissiques et contraste vivement avec l'aspect que le transfert prend dans d'autres formes de pathologie où il peut évoluer et révéler des conflits différents, spécifiques d'étapes variables du développement psycho-sexuel et s'accompagner d'une conscience très claire chez le patient de l'existence de l'analyste en tant qu'objet indépendant.

Sur le plan structurel, la principale différence entre les

personnalités narcissiques et les autres formes de pathologie de la personnalité est la nature et le fonctionnement différent de l'idéal du moi. Normalement, les images idéalisées des figures parentales, et les images idéalisées du soi sont d'abord condensées dans l'idéal du moi (6) qui est ensuite modifié par l'intégration et l'incorporation des exigences parentales perçues de manière plus réaliste, des précurseurs sadiques du surmoi et des aspects plus élaborés des interdits du surmoi. L'atténuation d'un tel idéal du moi, moins grandiose et plus accessible, permet la satisfaction narcissique normale d'être à la hauteur des images parentales idéales internalisées et cette satisfaction renforce finalement l'estime de soi, sa propre assurance dans sa propre bonté et sa propre confiance dans des relations d'objet satisfaisantes. Dans les troubles de personnalités autres que les personnalités narcissiques, un développement excessif des défenses narcissiques résulte d'une exacerbation de l'idéal du moi infantile précoce qui représente une défense contre la crainte et la culpabilité face à de nombreux conflits. Ainsi par exemple, dans le cas de nombreuses patientes hystériques [241], le besoin d'être à la hauteur de leurs fantasmes intérieurs de beauté et de puissance, peut représenter une protection contre des sentiments d'infériorité qui proviennent en fin de compte de l'envie du pénis et de l'angoisse de castration. De même, chez les personnalités obsessionnelles, être à la hauteur des idéaux primitifs de perfection et de propreté peut être une protection plus efficace contre la culpabilité et les conflits sadiques anaux. Dans tous ces cas l'exacerbation de l'idéal du moi infantile ou la fixation à celui-ci, ne s'accompagne pas d'une fusion primitive du concept de soi avec cet idéal du moi ni d'une dévalorisation concomitante des représentations d'objet et des objets externes. En revanche, chez les personnalités narcissiques cette fusion primitive du soi avec l'idéal du moi, et les processus concomitants de dévalorisation des objets externes et des images d'objets, surviennent afin de protéger le soi contre les conflits et la frustration liés à l'oralité primitive.

Les fixations au niveau du narcissisme infantile normal, qui dans tous les cas sont pathologiques, doivent être distinguées des distorsions particulières et plus graves de toutes les relations d'objet internalisées qui surviennent chez les personnalités narcissiques.

Les deux cas suivants illustrent la présence de défenses narcissiques au sein de personnalités non narcissiques. Le premier, une patiente avec une structure hystérique, était convaincue, quoique ce fut profondément refoulé, que sous ce qu'elle considérait comme un corps et un sexe laid et dysharmonieux, il y avait le corps et le sexe d'une femme unique, extrêmement belle devant laquelle les hommes se devaient de présenter leurs hommages. Plus profondément donc, elle se vivait en fantasme comme la femme la plus attirante de la terre, une « déesse-reine-mère » qui pourrait parvenir à une relation parfaite avec un « père-mari-fils » grand et idéal. Dans le transfert, elle voulait bien donner son amour au père-analyste si en retour celui-ci se conformait à cette image parfaite qu'elle avait d'elle-même en l'admirant et ne doutant jamais de sa perfection et de son intégrité. La patiente sentait que les interprétations de l'analyste menacaient cette image d'elle-même, représentaient une grave atteinte contre son estime de soi et étaient une critique destructrice qui entraînait une dépression très intense. Lorsqu'on lui fit remarquer son attitude hautaine et désobligeante à l'égard de l'analyste, un élément de cet élargissement de soi narcissique, elle se mit en colère et se déprima. Elle ressentit alors l'analyste [242] comme une image paternelle narcissique grandiose et seulement préoccupée de soi. Sa réaction représentait en partie la manière dont elle avait réellement ressentie son père au cours de son enfance au plus fort de son conflit œdipien. Déçue par ce qu'elle percevait comme des « attaques » du père analyste, elle se sentit alors perdue et rejetée par ce père idéalisé, et en fantasme vaincue par les autres mères-femmes idéalisées, dans la compétition pour obtenir ce père. Ainsi se développa un transfert œdipien dans sa totalité. Ce transfert émergea après la résolution de ses défenses narcissiques qui finalement provenaient de son envie du pénis. A aucun moment, elle ne dévalorisa complètement l'objet transférentiel ou n'oscilla entre des distorsions paranoïdes du transfert d'origine orale d'un côté et un retrait narcissique dans une idéalisation de soi plus primitive de l'autre. Parce que ces derniers éléments manquaient, nous pouvons conclure que ces résistances narcissiques dans le transfert ne reflétaient pas une structure narcissique de la personnalité.

La seconde illustration d'une défense narcissique est fournie par un patient obsessionnel. Il était tout à fait désagréable envers le thérapeute, se délectait de ses propres interprétations de son matériel, et considérait l'analyste comme un spectateur en fond de toile dont la fonction était d'applaudir et d'admirer ses insight et interprétations. Toutefois, lorsqu'on explora à fond cette attitude, et que le patient fut confronté de façon répétée à cette attitude défensive, une nouvelle attitude plus profonde se dégagea dans le transfert. Dans cette nouvelle facette du transfert, le patient regarda l'analyste comme une image maternelle froide, indifférente, inaffective, et éprouva des sentiments de tristesse et de solitude qui traduisaient l'espoir et l'attente infantile de sa mère idéalisée. Dans cette seconde illustration également, lorsque tombèrent les défenses narcissiques, d'autres attitudes émergèrent dans le transfert où le patient maintenait une relation d'objet différenciée, ne dévalorisait pas l'objet ni ne prenait la fuite dans une image de soi idéalisée. En résumé, les deux cas développèrent dans leur transfert, des relations nouvelles différenciées après que furent résolues les défenses narcissiques tandis que le patient narcissique, lui ne peut pas reconnaître l'analyste comme un objet indépendant. Continuellement et obstinément il le regarde comme une simple extension de son propre concept de soi [243] quoique dans le cadre de cet axe transférentiel il puisse y avoir des fluctuations de la régression.

C. *CONSIDÉRATIONS TECHNIQUES*

De nombreux cliniciens expérimentés considèrent que ces personnalités narcissiques sont de mauvais candidats à l'analyse et qu'en même temps celle-ci reste le seul espoir d'amélioration. Face à ce pronostic extrêmement réservé, Stone (16) exprime un point de vue un peu plus optimiste sur l'analysabilité de ces patients. E. Ticho (18) reconnaissant à la fois les problèmes et les difficultés, a proposé que ces personnalités narcissiques constituent « une indication héroïque d'analyse ». A mon avis, le fait que certains de ces patients non seulement s'améliorent grâce au traitement psychanalytique, mais s'améliorent de façon spectaculaire, montre que les efforts pour approfondir la conduite technique et les aspects pronostics de ces patients sont tout à fait justifiés.

Jones (7) a publié un article sur les traits narcissiques pathologiques dès 1913. En 1919, Abraham (1) a écrit le premier article sur les résistances transférentielles de ces patients, dans lequel il a alerté le thérapeute sur les dangereux effets qu'avaient les défenses narcissiques sur le processus analytique. Il a noté la nécessité d'interpréter efficacement les tendances de ces patients à regarder l'analyste de haut et à l'utiliser comme spectateur pour leur propre travail « analytique » indépendant. Rivière (11) dans son article classique sur la réaction thérapeutique négative, décrit des patients qui doivent faire échouer le processus psychanalytique : ils ne peuvent tolérer la notion d'une amélioration, parce qu'une amélioration signifie reconnaître l'aide reçue de quelqu'un d'autre. Elle note que ces patients ne peuvent tolérer de recevoir quelque chose de bon de l'analyste à cause de leur culpabilité intolérable de leur propre agressivité. Rosenfeld (12) a noté combien fondamental est l'intolérance à la dépendance de ces patients avec une structure narcissique. Kohut (8) a montré comment un patient qui présente cette structure ne peut tolérer que l'analyste soit une personne différente, indépendante. Tous ces articles [244] insistent sur l'intensité des résistances transférentielles des patients narcissiques.

J'aimerais illustrer le problème des résistances transférentielles par l'histoire d'un cas. Un patient avec une structure narcissique passait des heures et des heures pendant plusieurs mois à me dire que son analyse était devenue monotone et ennuyeuse, que ses associations avaient toujours le même contenu et que le traitement était une entreprise complètement désespérée. En même temps, dans sa vie externe, il se sentait plutôt bien, soulagé de ses sentiments d'insuffisance et d'insécurité, mais il était incapable d'en comprendre le pourquoi. Je lui fit remarquer que lorsqu'il décrivait ainsi sa psychanalyse, il me décrivait implicitement comme le pourvoyeur d'un traitement inutile et stupide. Le patient dénia d'abord ceci, affirmant que c'était son problème et non le mien si l'analyse ne pouvait progresser. Je lui fis alors remarquer qu'au début du traitement, il avait beaucoup envié mes autres patients qui avaient déjà reçu de moi beaucoup plus que lui ; il était étrange que maintenant il ne se sente plus du tout envieux des autres patients, en particulier lorsqu'il affirmait que c'était uniquement son problème de ne pouvoir bénéficier de l'analyse. Je lui fis aussi remarquer que son ancienne et vive envie développée à mon égard avait complètement disparu pour des raisons qui lui étaient restées obscures. A ce moment, le patient prit conscience qu'en réalité il pensait que c'était totalement de ma faute si son analyse avait, selon lui, échoué. Il se sentait maintenant surpris d'être si sastisfait de poursuivre son traitement tout en me considérant comme aussi inefficace. Je lui fis aussi remarquer combien cela le satisfaisait de représenter pour moi un échec, tandis qu'il réussissait dans sa vie. Je lui fis remarquer encore que c'était comme si j'étais devenu son soi méprisable tandis qu'il s'était emparé de mon soi admirable. Il devint alors très angoissé, et eut peur que je le haïsse et veuille prendre ma revanche. Des fantasmes apparurent où il pensait que je racontais à ses supérieurs et à la police ses activités dont il avait honte. Je lui fis remarquer que cette crainte d'une attaque était une des raisons qui l'empêchait de se considérer lui-même comme vraiment en analyse, et qu'il se réassurait de n'être pas un vrai patient en affirmant que rien ne se produisait dans les séances [245]. A ce moment, le patient exprima des sentiments d'admiration parce que je n'avais connu ni confusion ni découragement lorsqu'il répétait constamment que l'analyse était un échec. L'instant suivant, toutefois, il pensait que j'étais très habile et que je savais comment utiliser les « astuces typiques des analystes » pour conserver « une longueur d'avance ». Il pensa alors qu'il pourrait lui-même utiliser une technique semblable avec les personnes qui pouvaient tenter de le dévaloriser. Je lui fis remarquer que, dès qu'il recevait une « bonne interprétation » et s'en trouvait aidé, il se sentait aussitôt coupable de ses attaques à mon égard et encore plus envieux de ma « bonté ». Ainsi il devait « voler » mes interprétations pour son propre usage, me dévalorisant dans son processus, afin d'éviter d'avoir à reconnaître que je lui avais laissé quelque chose de bon, et d'éviter ainsi l'obligation d'en être reconnaissant. Le patient fut pendant un moment très angoissé et complètement « confus ». A la séance suivante, il dénia en partie l'intérêt affectif de ce qui s'était passé dans la séance précédente, encore une fois le même cycle reprit, et il recommença à parler de son ennui et de l'inefficacité de l'analyse.

Parfois il est difficile d'imaginer combien sont fréquentes et se répètent de telles interactions qui s'étendent sur plus de deux ou trois ans d'analyse ; cette résistance au traitement illustre l'intensité du besoin du patient narcissique à dénier toute relation de dépendance. Il est évident qu'un examen approfondi du transfert négatif est encore plus fondamental chez ces patients que chez les autres patients qui ont entrepris une analyse. De façon permanente, ils cherchent à dévaloriser le processus analytique, à dénier la réalité de leur propre vie affective, et à confirmer leurs fantasmes que l'analyste ne constitue pas une personne indépendante d'eux-mêmes. Un récent film d'Igmar Berman, *Persona,* illustre l'effondrement d'une jeune femme immature mais, au fond tout à fait convenable, une nurse, qui est chargée de s'occuper d'une femme psychiquement très malade ; cette dernière est ce qu'on pourrait appeler une personnalité narcissique typique. Devant l'exploitation froide et sans scrupule à laquelle on la soumet, la jeune femme s'effondre progressivement, elle ne peut supporter que l'autre femme malade ne renvoie que la haine pour l'amour et se montre totalement incapable de reconnaître tout sentiment d'amour ou tout sentiment simplement humain [246] qu'on lui exprime. Cette femme malade ne semble pouvoir vivre que si et quand elle peut détruire ce qui est valable chez les autres même si elle en arrive à se détruire comme être humain dans le même temps.

Au cours de ce drame, la nurse développe une haine intense pour cette femme malade et la maltraite cruellement. C'est comme si toute la haine à l'intérieur de la malade avait été transférée dans la personne qui l'aidait, détruisant celle-ci de l'intérieur. Ce film reproduit l'essence des situations de transfert-contre-transfert qui se développent dans le traitement des patients narcissiques graves. Tous les efforts des patients semblent destinés à vaincre l'analyste, à faire de l'analyse un jeu gratuit, à détruire systématiquement tout ce qu'ils ressentent comme bon ou valable chez l'analyste. Après que le patient l'eut traité pendant plusieurs mois ou années comme un « appendice » (par un procédé qui peut être très subtil et rester ignoré pendant longtemps), l'analyste peut commencer à se sentir réellement « méprisable » dans son travail avec ce patient. Tous ses commentaires ou interprétations semblent perdre leur signification et tout sentiment sympathique qu'il peut avoir pour le patient, est ensuite systématiquement détruit par la suite. Après un traitement prolongé et infructueux, une défense par la dévalorisation du patient peut survenir chez l'analyste, ce qui renforce chez le patient les sentiments que son analyste devient l'un des objets dangereux auxquels il a déjà tenté d'échapper ; ou encore une minime frustration peut se transformer en une prise de conscience chez le patient que l'analyste ne le contrôle plus. Le traitement peut alors s'interrompre ; le patient échappe à l'objet transférentiel haï et frustrant qu'il réduit finalement une fois de plus à une « ombre », et le contre-transfert de l'analyste peut refléter un sentiment correspondant de « vide » comme si le patient n'avait jamais existé.

Il y a, dans ce qu'on vient d'envisager, plusieurs conséquences techniques. D'abord l'analyste doit continuellement se concentrer sur la qualité particulière du transfert de ces patients et s'opposer de façon efficace aux efforts de contrôle omnipotent et de dévalorisation du patient. Ensuite l'analyste doit aussi observer attentivement les mouvements contre-transférentiels au long cours. Il introduira le contre-transfert [247] dans le processus analytique, non pas en révélant au patient ce que sont ses propres réactions, mais en reconnaissant dans le contre-transfert les intentions cachées de la conduite du patient. Par exemple, lorsque, pendant très longtemps, le patient rejette systématiquement toutes les interprétations de l'analyste, ce dernier peut reconnaître ses propres sentiments d'impuissance qui en résultent et montrer au patient qu'il traite l'analyste comme s'il souhaitait que l'analyste se sente vaincu et impuissant. Ou lorsque la conduite délinquante du patient fait que l'analyste devient plus soucieux que le patient des conséquences, l'analyste peut montrer au patient qu'il paraît tenter de provoquer chez lui un sentiment de préoccupation devant cette conduite, parce que le patient lui-même ne peut tolérer un tel sentiment. Parce que ces patients traitent l'analyste comme l'un des prolongements d'eux-mêmes ou vice-versa, le vécu affectif de l'analyste traduit avec plus d'exactitude que d'habitude ce contre quoi le patient est intérieurement en train de lutter et ainsi, l'utilisation des réactions du contre-transfert apporte des éclaircissements particuliers au cours de ce traitement.

Un problème technique que le thérapeute a beaucoup de mal à manier est la survenue soudaine de « volte-face » dans l'attitude affective du patient. En particulier après des moments de compréhension ou de soulagement, le patient a tendance à délaisser tout le problème en question, au lieu d'être contraint de ressentir un sentiment de reconnaissance pour cette aide, ou de se motiver pour approfondir la compréhensison de ce point particulier. La tendance à dévaloriser l'analyste opère ici, en même temps que l'effort pour dérober à l'analyste son interprétation ; on doit être très attentif à cette soudaine « contradiction » de ce qui quelques minutes auparavant ou la séance précédente, semblait être un problème important.

Un dernier mot de technique. Il est probable qu'on ne devrait pas traiter en même temps un grand nombre de ces patients parce qu'ils provoquent de vives tensions chez l'analyste et lui demandent beaucoup. Il est utile en outre de garder à l'esprit que ces patients nécessitent des traitements analytiques plus longs afin de pénétrer la structure pathologique de la personnalité qui est activée dans le transfert.

Certains cliniciens ont jadis pensé que ces patients ne développaient pas de transfert et qu'ils gardaient toujours un « non investissement narcissique » à l'égard de l'analyste qui empêchait tout travail analytique. Ces patients développent en réalité un transfert très intense que j'ai décrit cidessus ; ce qui en surface semble [248] être une distance ou un non investissement est un processus actif sous-jacent, de dévalorisation, de dépréciation, et de détérioration. La résolution de cette résistance transférentielle provoque typiquement l'apparition d'idées paranoïdes intenses, de suspicion, de haine, et d'envie. Finalement après des mois, voire des années de traitement, un sentiment de culpabilité et de dépression peut apparaître chez le patient ; une prise de conscience de son agressivité envers l'analyste peut se transformer en culpabilité et en sollicitude plus humaine pour la personne de l'analyste, associée à une meilleure tolérance aux sentiments de culpabilité et de dépression en général. C'est, dans le traitement de ces patients, un moment crucial qui représente en même temps un facteur essentiel de pronostic. Les patients qui tolèrent en partie un sentiment de culpabilité ou de dépression dès le début du traitement, ont de meilleurs résultats que ceux qui ne peuvent pas du tout tolérer ces sentiments. Cette remarque nous conduit à notre point suivant : le problème du pronostic de l'analyse de ces patients.

D. *CONSIDERATIONS PRONOSTIQUES*

Le pronostic global des personnalités narcissiques est réservé. La rigidité, et l'uniformité du fonctionnement de cette structure, représentent de grands obstacles à un progrès analytique. Du point de vue de la patholoIgie du patient, il est difficile de surmonter l'avantage que représente l'« isolement » complet de toutes relations humaines importantes. Ces patients sont capables à l'intérieur d'eux-mêmes de se retirer de toute vie sociale de manière aussi efficace que les personnalités schizoïdes les plus graves et cependant, ils semblent souvent être au centre des choses, extraire efficacement des « provisions narcissiques » tout en se protégeant de façon subtile d'une expérience douloureuse de relation affective plus importante.

Dans le livre *Les troubles limites de la personnalité* *, j'ai dit que les personnalités narcissiques, bien qu'elles présentent une organisation défensive à peu près identique à celle des personnalités limites, tirent peu de bénéfice des thérapies interprétantes d'inspiration analytique qu'on propose à ces derniers. L'analyse est le traitement de choix pour les personnalités narcissiques. Certains de ces patients non seulement tolèrent la situation analytique sans excessive régression, mais présentent une résistance si vigoureuse à tout

* *Les troubles limites de la personnalité, op. cit.*, chapitre 3.

effort pour mobiliser dans le transfert [249] leurs défenses pathologiques rigides qu'ils les maintiennent sans que l'analyse puisse y toucher. Chez les patients qui ont une personnalité narcissique et des caractéristiques manifestes de fonctionnement limite (symptomatologie multiple, manifestations non spécifiques graves de faiblesse du moi, régression à des processus primaires de pensée) c'est une contre-indication à la psychanalyse. Ils ne supportent habituellement pas la régression profonde et la réactivation des conflits pathogènes très précoces dans le transfert, nécessaires au traitement analytique, sans une décompensation psychotique. Une thérapie de soutien semble préférable pour ce groupe. Pour les patients narcissiques qui peuvent entreprendre une analyse, j'estime que les points suivants sont intéressants à considérer pour le pronostic de cas individuels :

1. Tolérance a la dépression et au deuil

Le pronostic est meilleur chez les patients qui conservent une certaine capacité de dépression et de deuil, en particulier quand leur dépression s'accompagne de sentiment de culpabilité. Par exemple, un patient narcissique commença son traitement en évoquant ses sentiments de remords à cause d'une liaison avec une femme qui avait trois jeunes enfants et qui était très amoureuse de lui. Les enfants l'aimaient beaucoup, et tout à coup il se trouva « envahi » par une ambiance d'amitié et d'amour qui l'empêchait de « plaquer » cette femme après se l'être « tapée » selon sa conduite habituelle. (On aborda un peu plus tard dans son traitement les conséquences pour le contre-transfert de ses sentiments). Après plusieurs années d'analyse, le patient connut une amélioration notable.

Deux incidents au cours du traitement de ce patient illustrent l'accroissement progressif de la tolérance de ses sentiments de culpabilité et de dépression. Après un an de traitement, où on avait envisagé toute cette conduite d'exploitation des femmes, le patient épousa de façon impulsive cette femme et interrompit son traitement pendant plusieurs mois. Par la suite, il expliqua que cette action était provoquée par la crainte que l'analyste s'oppose à sa décision de se marier. Le mariage représentait à la fois une défense contre un approfondissement de ses sentiments de culpabilité et un acting-out de ses sentiments de culpabilité. Deux années après, nous examinions un épisode [250] qui s'était répété souvent. Le travail du patient le conduisait dans d'autres villes où il cherchait de brèves aventures féminines qu'il oubliait ensuite complètement lorsqu'il quittait la ville. Après deux années d'analyse, il dût retourner dans l'une de ces villes et décida de ne pas aller voir la fille avec laquelle il sortait depuis plusieurs années. Elle espérait encore qu'il l'épouserait, paraissait toujours très heureuse de ses visites ; le patient avait le sentiment qu'elle ne pouvait pas sortir avec un autre homme tant qu'il était toujours dans sa vie. Dans l'analyse, nous examinions la façon dont il exploitait cette relation et son besoin de se défendre contre des sentiments de culpabilité à l'égard de cette fille dans cette ville. Lorsqu'il fut installé à l'hôtel, le patient pensa avec une intense douleur à la déception qu'elle ressentirait quand une fois de plus il l'aurait quittée. Il ressentit aussi une intense excitation sexuelle qui le poussait à aller la voir. Pendant des heures ces deux sentiments luttèrent en lui, il eut finalement une crise de larmes et éprouva tristesse et chagrin pour la fille et pour lui. La voir, ne pouvait que réveiller encore de faux espoirs en elle, c'était mauvais et pour elle et pour la meilleure partie de lui-même. Il avait aussi conscience que son excitation sexuelle représentait son désir de la combler sur le plan sexuel et ainsi, d'apaiser ses sentiments de culpabilité ; c'était aussi une tentative d'échapper à la prise de conscience du problème dans sa totalité. Il décida finalement de ne pas la voir et éprouva alors une augmentation de ses sentiments d'amour et de gratitude pour la fille en même temps que des sentiments de tristesse et de deuil, la ressentant comme un bon objet perdu et ressentant aussi qu'il était maintenant trop tard pour démarrer une nouvelle vie avec elle. Je dois noter qu'à aucun moment je n'ai entravé ses désirs de la voir ; ne pas la voir ne représentait pas une soumission à ma volonté. Après cet épisode, le patient fut beaucoup plus tolérant à l'égard des personnes qui étaient incapables d'agir en raison de la violence de leurs sentiments, personnes qu'il avait toujours dévalorisées dans le passé.

2. Bénéfices secondaires de l'analyse

Il y a malheureusement des situations sociales et professionnelles qui procurent d'importants bénéfices secondaires à l'« apprentissage » de la méthode analytique. [251] « Dérober » à l'analyste ce qu'il donne afin de pouvoir se défendre contre l'envie de ce dernier et contre la nécessité de reconnaître une dépendance, est une opération défensive qui se renforce considérablement dans ces conditions d'« apprentissage ». Un pasteur, qui était en analyse pour sa conduite sexuelle désordonnée, était très satisfait à l'idée que le traitement analytique pourrait lui donner des ressources supplémentaires dans son travail d'éducateur. Le fait de ressentir cet avantage représentait une résistance insoluble ; la gratification de l'« apprentissage » grâce à l'analyste compensait très efficacement la dévalorisation sous-jacente de l'analyste et l'incapacité du patient à se reconnaître comme patient. Les candidats analystes ne devraient pas présenter de structure narcissique de la personnalité (13) mais certains postulants qui ont cette personnalité s'arrangent pour qu'on les accepte en formation analytique en particulier parce que les personnalités narcissiques douées sur le plan intellectuel peuvent avoir une apparence très prometteuse d'originalité et de curiosité intellectuelles (17). Ces candidats restent en analyse en dépit de leur vide affectif et peuvent même s'arranger pour compléter leur formation sans qu'aucun changement appréciable dans leur trait narcissique ne survienne. Ce qui arrive, c'est que l'ultime satisfaction de devenir analyste suffit à remplacer l'envie et la haine de l'analyste qui « donne ». L'incapacité du candidat à établir une dépendance envers l'analyste et à laisser s'épanouir une névrose de transfert au niveau de ses conflits fondamentaux d'agressivité orale, reste également masquée. Finalement, de nombreux candidats avec des structures narcissiques de personnalité arrêtent leur traitement analytique même s'ils ont été acceptés par les instituts d'analyse parce que leur incapacité à s'intéresser et à s'impliquer avec les patients, fait que la psychanalyse est pour eux une méthode ennuyeuse.

3. La réaction de culpabilité opposée a la réaction de rage paranoïde dans le transfert

Rivière (11) remarqua que ces patients sont incapables de tolérer une réaction de dépendance à l'analyste à cause de sentiments profondément enfouis mais toujours présents de culpabilité inconsciente. A l'opposé, Rosenfeld (12) mentionne derrière l'incapacité de ces patients à tolérer la dépendance, la tendance paranoïde sous-jacente et un puissant transfert sadique oral. [252] Ces deux types de possibilité de transfert sous-jacent existent chez les patients narcissiques. Lorsqu'on a résolu les défenses transférentielles typiques de fusion narcissique magique à l'analyste, et de dévalorisation de celui-ci comme personne indépendante, avec une lutte concomitante contre une véritable dépendance, certains patients développent d'intenses réactions paranoïdes dans le transfert tandis que d'autres patients semblent capables de ressentir au moins des sentiments de culpabilité et de sollicitude devant ce qu'ils font à l'analyste. Même si dans leurs antécédents, on n'a pas trouvé de culpabilité consciente, ce second type de patients, (qui ressemble à ceux que Rivière décrit) présente un meilleur pronostic que les patients qui ressentent une pure réaction paranoïde dans le transfert.

4. La qualité du potentiel de sublimation

Les patients qui ont pu réaliser certaines créations dans un domaine de leur vie ont à cet égard un meilleur pronostic que ceux qui ne présentent aucune capacité. Il est parfois difficile d'évaluer ce facteur mais on peut recueillir cette information en faisant attention aux intérêts et aux aspirations du patient. Par exemple, un patient avait le fantasme permanent et envahissant d'accumuler une collection d'objets d'art et enviait beaucoup les personnes qui possédaient des céramiques ou d'autres objets de ce type. Il était, toutefois complètement incapable de faire la différence entre un objet de valeur et des imitations de bas étage et incapable ou non désireux de s'informer de façon satisfaisante. En un mot, il cherchait seulement à décorer sa maison comme les personnes qui collectionnaient ces antiquités qu'il enviait. Je dois noter que grâce à sa fortune personnelle, collectionner des antiquités était son principal désir, mais que cependant c'était un intérêt superficiel. Un autre patient s'intéressait à l'existentialisme, en parlait beaucoup, et après plusieurs mois de traitement, il s'avéra qu'il n'avait lu que quelques livres de vulgarisation. Un troisième patient, bien qu'il ait atteint dans sa profession un niveau élevé où de nombreuses lectures et des connaissances précises étaient nécessaires, ne lisait rien d'autre que ce qui était strictement nécessaire à ses examens et une fois reçu, [253] était incapable de poursuivre ses lectures. Dans ce dernier cas, lorsqu'on eut analysé le problème de l'envie qu'il avait des connaissances des autres personnes et de leur contribution, il put lire et tirer profit de ces lectures en même temps qu'il était capable de tirer profit de sa propre analyse.

Dans tous les cas que l'on vient de citer les patients

présentaient un potentiel réduit de sublimation bien qu'en apparence ils fassent preuve d'un talent ou d'un intérêt particulier. Dans les quelques cas suivants, le potentiel de sublimation est plus élevé et le pronostic final est meilleur. Le patient dont on a déjà parlé, qui se maria de façon impulsive au début de son analyse, était un commerçant et se passionnait pour l'histoire. Son intérêt paraissait sincère et était pour lui une source de véritable plaisir ; il avait atteint une réelle profondeur dans ce domaine et cependant dévalorisait ses propres connaissances parce qu'il avait inconsciemment peur que, s'il triomphait dans un domaine, l'envie suscitée chez les autres personnes le détruirait. Un autre patient, musicien amateur, affirmait souvent au début de son analyse que lorsqu'il jouait du piano, la seule chose bonne qui soit en lui, venait à la surface. La musique était comme un compagnon idéal quoique mystérieux ; le patient sentait que chaque fois qu'il prenait profondément plaisir à écouter de la musique ou à en jouer, une confiance ou une assurance vaguement ressentie dans la bonté lui était reconfirmée.

5. Le niveau et la qualité de l'intégration du surmoi

J'ai déjà mentionné que, chez les personnalités narcissiques, l'intégration du surmoi est médiocre. Leur surmoi contient essentiellement des rejetons d'images parentales déformées, primitives et agressives sans que se soit produit l'intégration normale des précurseurs agressifs avec le soi idéal et les images d'objet idéales, ni la phase ultérieure d'abstraction et de non personnification du surmoi. Certains patients ont cependant dans des domaines précis du surmoi une possibilité d'abstraction et de non personnification. Par exemple, ils peuvent se montrer honnêtes sur les questions financières, tenir leurs promesses, et de même dans leurs relations humaines quotidiennes où il n'y a pas d'engagement affectif. Ils peuvent éprouver des sentiments de honte, sinon de culpabilité, lorsqu'ils rompent des conventions minimes concernant les relations humaines. Le pronostic de ces patients est meilleur que lorsque n'existe pratiquement aucun élément de cette « petite moralité ». Les patients qui mentent à leurs analystes comme aux autres personnes, sur de longues périodes ou [254] qui présentent d'autres formes de conduite délinquante, ont un mauvais pronostic. Il va sans dire que la personnalité anti-sociale, qui représente la forme extrême de ce manque de développement du surmoi, a le pire des pronostics. Ce n'est pas une nouveauté de mentionner le pronostic analytique tout à fait désespéré de ces personnalités anti-sociales, mais j'insiste ici sur le *continuum* entre la personnalité narcissique et la personnalité anti-sociale que je considère comme une forme extrême de narcissisme pathologique avec, entre autres traits, une absence complète d'intégration du surmoi. A l'opposé, ces personnalités narcissiques qui ont des traits obsessionnels présentent un meilleur pronostic. On doit cependant être prudent, lorsqu'on reconnaît des caractéristiques obsessionnelles aux patients narcissiques, parce qu'ils peuvent donner la fausse impression d'une personnalité obsessionnelle. C'est vrai en particulier pour les personnalités narcissiques qui ont une grande culture ou sont de grands intellectuels : l'aspect froid et uniforme de leur processus de pensée et l'absence de réactions affectives peut être pris par erreur pour des traits obsessionnels. Toutefois, lorsqu'il s'agit d'une véritable personnalité obsessionnelle, nous trouvons d'intenses et profondes réactions affectives là où se trouve l'angoisse ou aux points qui représentent le déplacement de leurs conflits affectifs. Par exemple, les personnalités obsessionnelles peuvent avoir de vives réactions face aux problèmes sociaux, culturels et politiques, et ils peuvent acquérir une compréhension surprenante de la profondeur affective des autres tout en restant apparemment si « froids » eux-mêmes. En revanche, les émotions des personnalités narcissiques, restent superficielles, brèves et transitoires, sur un fond d'indifférence et de correction.

6. Présence de circonstances dans la vie permettant d'inhabituelles satisfactions narcissiques

Dans la vie du patient, les circonstances qui lui permettent de mettre en actes ses besoins de pouvoir, d'admiration, de grandeur sociale, représentent un élément de pronostic médiocre. Un patient narcissique qui recherche le pouvoir, peut dans sa vie sociale ou professionnelle être déjà parvenu à une position telle que cela puisse lui sembler tout à fait « normal » et il est par conséquent difficile d'analyser cette forme d'« acting out chronique ». De la même manière qu'un candidat à une formation analytique [255] peut se servir de son analyse comme d'un élément de promotion professionnelle, un patient peut utiliser une possibilité pré-existante pour satisfaire ses besoins narcissiques pathologiques en dehors de la relation analytique et de cette manière, compenser la frustration subie en analyse, ce qui aboutit à une impasse thérapeutique.

7. Contrôle pulsionnel et tolérance a l'angoisse

Souvent les patients narcissiques ont un assez bon contrôle pulsionnel, sauf dans les domaines qui représentent une formation de compromis permettant la satisfaction des besoins narcissiques pathologiques. Par exemple, un patient présentait un très bon contrôle pulsionnel, sauf lors d'épisodes d'homosexualité où il cueillait un partenaire occasionnel de manière impulsive, ce qui mettait en danger sa position sociale, et risquait de provoquer des démêlés avec la justice. Ce patient se servait de l'expérience homosexuelle pour échapper à la rage que provoquait toute frustration causée par sa petite amie. Si elle ébauchait une critique, il la quittait, prenait sa voiture, ramassait un homme dans un lieu public, accomplissait une *fellatio* avec lui, puis le laissait tomber avec un sentiment de dégoût et rentrait chez lui soulagé. Il s'avéra progressivement que, au cours de la relation homosexuelle, il avait le fantasme que l'homme qui suçait son pénis avait terriblement besoin de lui et que lui, le patient, était en possession de tout l'amour possible que cette relation nécessitait. Il pouvait donner cet amour à l'autre homme, se prouvant ainsi qu'il était riche. Par la suite, après avoir abandonné brutalement son partenaire et l'avoir dévalorisé, il s'identifiait à la mère hostile et dévalorisante qu'il avait enviée et haïe, et à la petite amie qui représentait sa mère. Par cette conduite, il prenait aussi sa revanche contre sa petite amie-mère et se réassurait qu'il n'avait pas besoin d'elle sur le plan sexuel. Dans cet exemple ce qui apparemment paraissait être un manque de contrôle pulsionnel, était une organisation défensive spécifique qu'on peut comprendre et résoudre de manière analytique. Le pronostic est meilleur chez ces patients que chez ceux où le contrôle pulsionnel est médiocre ou inexistant, qui se perdent dans l'acting-out, tel que ces personnalités qu'on appelle « chaotiques » ou ceux qui associent certaines formes de déviation sexuelle avec une personnalité impulsive un alcoolisme, une toxicomanie, etc... Le pronostic est également réservé [256] chez ces patients où l'angoisse provoque aussitôt des acting-out ou une exacerbation des autres symptômes : c'est-à-dire ceux dont la tolérance à l'angoisse est très faible.

8. Régression a des processus primaires de pensée

J'ai déjà dit que lorsque sont associées des caractéristiques limites manifestes et une structure narcissique, le traitement psychanalytique est habituellement contre indiqué. Certains patients narcissiques peuvent avoir une symptomatologie pauvre, un bon contrôle pulsionnel et même une tolérance à l'angoisse assez bonne, et cependant, les processus primaires sont, de façon étonnante, proches de la surface. Par exemple, un patient avait un fonctionnement tout à fait satisfaisant dans sa vie, mais en quelques années, il avait développé l'agréable fantasme qu'en lui existait quelque analogie avec le Christ ; il se plaisait à méditer sur les caractéristiques qu'il partageait avec le Christ. Il évaluait correctement l'irréalité de ses fantasmes, mais ils lui étaient en même temps très agréables. Au début du traitement, ses fantasmes l'envahirent au point qu'il se demandait si après tout il n'était pas le Christ ; il régressa alors dans une réaction schizophrénique qui n'aurait probablement pas eu cette gravité si on ne lui avait pas proposé une psychothérapie interprétante.

Un autre point concerne le potentiel régressif du patient ; lorsque les symptômes d'une structure limite sont manifestes, en particulier le manque de contrôle pulsionnel, l'incapacité à tolérer l'angoisse, et la tendance aux processus primaires, la psychanalyse est contre-indiquée même si existe un sentiment de culpabilité ou un potentiel à ressentir la dépression, parce que dans ces cas la dépression qui se développe pendant le traitement peut aboutir à une dépression psychotique ou à des tentatives graves de suicide. Toute personnalité narcissique, si son traitement réussit, aura des périodes de dépression sévère avec des fantasmes suicidaires, et si la force du moi n'est pas suffisante pour les tolérer, sa vie sera en danger grave. Lorsque le moi est faible, c'est l'indication d'une psychothérapie de soutien. Parmi les patients étudiés dans le projet de recherche en psychothérapie de la Fondation Menninger, on a pu traiter avec succès ceux qui avaient une structure [257] narcissique grave associée à un fonctionnement limite manifeste par une thérapie de soutien uniquement.

9. Motivations au traitement

Ce n'est qu'après un certain temps d'analyse que l'élément essentiel de la motivation de ces patients apparaît. Les motivations qu'on reconnaît habituellement pour un traitement, tel que le désir de se débarrasser de ses symptômes, peuvent s'avérer tout à fait fallacieuses chez les patients narcissiques. Ils peuvent en réalité vouloir devenir « parfaits » et commencent leur analyse avec un tel espoir. Il est souvent difficile de répondre dès le début du traitement à la question de savoir si la « perfection » signifie pour eux la possibilité de se libérer de leurs symptômes afin d'être supérieurs à tous les autres, ou si on pourra changer ce désir contre celui de les débarrasser de leur vie affective étriquée. Dans tous les cas, plus la personne désire surmonter ses sentiments de vide, ses difficultés dans les possibilités d'empathie avec autrui et sa froideur intérieure, meilleur est le pronostic.

E. *UNE PERIODE CRUCIALE DU TRAITEMENT*

Après une phase de perlaboration systématique de l'organisation défensive du narcissisme pathologique, les conflits primitifs oraux émergent régulièrement à la surface. La haine et la crainte intenses de l'image d'une mère dangereuse, agressive, sont projetées sur l'analyste comme sur toutes les autres personnes de l'entourage du patient. Il doit alors prendre conscience que cette crainte d'une attaque par la mère représente une projection de sa propre agressivité liée à la rage que la frustration de sa mère a causée. Il doit aussi prendre conscience que ce concept idéal de lui-même est une construction fantasmatique qui le protège de ces relations humaines qu'il redoute et que ce concept de soi idéal, contient aussi une aspiration et un amour impossible d'une mère idéale qui pourrait venir à son secours. L'aspiration et l'amour profonds pour cette mère idéale, ainsi que la haine pour la mère déformée, dangereuse, doivent à un certain point du transfert, se rencontrer et le patient doit prendre conscience que l'analyste-mère crainte et haïe, se confond en réalité à l'analyste-mère admirée et désirée.

[258] A ce moment, une situation très difficile survient pour le patient : il doit reconnaître de façon réaliste les bons aspects de l'analyste (mère) qu'il a auparavant déniés et

dévalorisés et supporter un sentiment déchirant de culpabilité à cause de son ancienne agressivité contre l'analyste. Le patient peut connaître le désespoir d'avoir maltraité l'analyste et tout son entourage et avoir le sentiment qu'il a en réalité détruit ceux qu'il aurait pu aimer et ceux qui pouvaient l'avoir aimé. Il risque maintenant d'avoir des pensées et des intentions suicidaires intenses ; mais si on l'a accepté en analyse en raison de la bonne force de son moi, il peut perlaborer ce conflit sans que son analyste le rassure prématurément. Lorsque le patient narcissique perlabore cette phase cruciale de l'analyse, il en vient à reconnaître que l'analyste est un être indépendant pour lequel il peut ressentir amour et gratitude. Simultanément, le patient commencera à reconnaître l'existence indépendante des personnes de son entourage. Pour la première fois, il peut montrer une curiosité authentique pour ce qui se passe chez les autres, s'y intéresser et en tirer satisfaction. C'est comme si des personnes devenaient vivantes dans le monde externe du patient aussi bien que dans son monde interne d'objets et d'expérience de soi, son « monde de représentations » (14). Cette étape de l'analyse est en contraste frappant avec le vide précédent de la vie fantasmatique et affective.

Une régression normale au service du moi implique une dimension particulière, la réactivation de l'ancienne relation d'objet interne qui est une source de soutien interne au moment de crise, de solitude ou de perte de soutien externe. Normalement, la richesse affective qui provient d'anciennes relations heureuses avec les autres, non seulement permet de prendre un plaisir empathique au bonheur présent des autres, mais est aussi une source de consolation interne lorsque la réalité menace de provoquer une perte de l'estime de soi. Les patients narcissiques ne sont pas capables de recourir de cette manière à leur propre passé. Si leur traitement réussi, ils arrivent à réaliser une vie plus profonde et significative, et commencent à tirer des sources de force et de créativité de leur monde nouvellement développé de relations d'objet internalisées.

Le cas suivant illustre cette phase cruciale du traitement chez un patient particulier. Ce patient [259] commença soudain à prendre conscience qu'il avait toujours traité l'analyste comme un « miroir » de lui-même et s'en était servi comme d'une sorte d'esclave puissant au service exclusif du patient, quelque chose comme le génie dans le conte de fée de la lampe d'Aladin. Il réalisa que, entre les séances, il avait eu le sentiment que l'analyste disparaissait dans une existence purement potentielle, comme si l'analyste était enfermé dans une bouteille que le patient pouvait jeter. A ce moment, pour la première fois après des années d'analyse, le patient se montra curieux de la vie de l'analyste, et en éprouva de l'envie. Il prit conscience de sentiment de colère et de regret lorsqu'il était séparé de l'analyste pendant les week-ends et eut aussi des sentiments de gratitude lorsque l'analyste avait bien voulu « le garder » en dépit de sa conduite toujours déplaisante. Le patient avait toujours dévalorisé la littérature, en particulier la poésie, et tout ce qui n'avait pas de rapport avec des « faits utiles, froids et rigoureux ».

Un jour il se souvint d'un conte de fée qui l'avait impressionné dans sa petite enfance mais qu'il avait complètement oublié depuis. C'était l'histoire du *Rossignol* d'Andersen (2). Le patient, alors qu'il n'avait pas beaucoup d'imagination, interpéta spontanément l'histoire à travers des associations et des rêves pendant plusieurs séances. Il comprit qu'il était lui-même l'empereur de Chine de l'histoire, parce qu'il dévalorisait tous les autres de la même manière que l'empereur. La Chine elle-même, dans ce conte de fée, était comme le monde fantasmatique du patient parce que tout le monde y dévalorisait tout le monde. Le rossignol (celui qui était réel et vivant) était la seule créature chaleureuse et capable d'amour dans ce monde, mais l'empereur n'était pas capable de l'aimer. Quoique son chant lui plut, il l'abandonna sans remord quand on lui offrit un substitut mécanique couvert d'or et de pierrerie. Le rossignol mécanique couvert d'or et de pierrerie représentait le propre soi mécanique et sans vie de l'empereur (du patient). Lorsque l'empereur tomba malade et attendit le chant du rossignol pour retrouver la santé, l'oiseau mécanique se cassa et devint inutile, parce que l'empereur lui-même, comme le sentait le patient, avait tout détruit autour de lui. Une nuit alors que l'empereur était mourant, toutes les bonnes et mauvaises actions de sa vie lui revinrent à l'esprit et le firent souffrir. [260] Le patient comprit que c'était une expression de la prise de conscience finale chez l'empereur de ses mauvais côtés et de son désespoir de ne jamais réparer toutes les erreurs qu'il avait commises. Le patient se sentit très bouleversé à l'idée que le vrai rossignol bien vivant revînt finalement pour chanter à la fenêtre de l'empereur mourant et qu'il lui sauva ainsi la vie. Le patient dit avec une profonde émotion, qu'il comprenait maintenant pourquoi, comme enfant, cette histoire l'avait mis en larmes et il se mit à pleurer. La survie du véritable et bon rossignol réaffirmait la croyance du patient dans l'existence d'un être bon qui pouvait encore exister, qui n'avait pas encore été tué en dépit de toute l'avidité et de la destructivité de l'empereur et du patient. L'empereur était sauvé parce qu'il avait gardé en lui cet objet bon et charitable. Le rossignol représentait aussi le bon analyste qui n'avait pas été tué par la destructivité du patient.

Cet exemple illustre non seulement la compréhension chez le patient d'un problème crucial mais aussi un approfondissement global de la prise de conscience de sa vie affective ; pour la première fois il pouvait accepter une forme auparavant dévalorisée de littérature. Voir le patient se mettre à vivre pendant le traitement et commencer à ressentir pour la première fois une véritable sollicitude et un intérêt pour les autres, aussi bien que pour sa propre vie intérieure, est une expérience gratifiante pour l'analyste. Ceci compense les nombreux mois ou années de vide et d'incompréhension par lesquels les patients tentent de submerger la situation analytique.

Les considérations pronostiques abordées dans ce chapitre illustrent les limites et les difficultés du traitement psychanalytique de patients qui ont une structure narcissique. Même si nous ne pouvons en traiter un grand nombre, au moins nous permettent-ils de mieux comprendre puis de mieux résoudre les défenses narcissiques qu'on rencontre chez des patients moins perturbés. Je crois qu'une sélection soigneuse de ces cas peut aboutir à des résultats thérapeutiques assez encourageants chez ces patients qu'on considère habituellement comme désespérés et que par conséquent on ne traite pas, ou qu'on prend en analyse croyant avec erreur à une névrose ordinaire et qui provoquent une déception après de nombreuses années d'analyse.

F. *RÉSUMÉ*

[261] On a avancé une hypothèse concernant l'étiologie de la structure narcissique, qui implique des relations entre le narcissisme pathologique et les relations d'objet pathologiques. On a abordé les problèmes techniques du traitement analytique des personnalités narcissiques - en particulier leurs types de résistance au transfert - ainsi que les critères du pronostic.

BIBLIOGRAPHY

1. Abraham, K. A particular form of neurotic resistance against the psychoanalytic method (1919). *Selected Papers on Psycho-Analysis.* London: Hogarth Press, 1949, pp. 303-311.
2. Andersen, H. C. The nightingale. In: *Tales of Grimm and Andersen.* New York: Modern Library, 1952, pp. 714-721.
3. Fenichel, O. Typology. *The Psychoanalytic Theory of Neurosis.* New York: Norton, 1945, pp. 525-527.
4. Freud, S. On narcissism: an introduction (1914). *Standard Edition,* 14:67-102. London: Hogarth Press, 1957.
5. ———. Libidinal types (1931). *Standard Edition,* 21:215-220. London: Hogarth Press, 1961.
6. Jacobson, E. *The Self and the Object World.* New York: International Universities Press, 1964.
7. Jones, E. The God complex (1913). *Essays in Applied Psycho-Analysis,* 2:244-265. New York: International Universities Press, 1964.
8. Kohut, H. (1968). The psychoanalytic treatment of narcissistic personality disorders. *Psychoanal. Study Child,* 23, 86-113.
9. Reich, A. Narcissistic object choice in women. *J. Am. Psychoanal. Assoc.,* 1:22-44, 1953.
10. ———. Pathologic forms of self-esteem regulation. *Psychoanal. Study Child,* 15:215-232. New York: International Universities Press, 1960.
11. Riviere, J. A contribution to the analysis of the negative therapeutic reaction. *Int. J. Psycho-Anal.,* 17:304-320, 1936.
12. Rosenfeld, H. On the psychopathology of narcissism: a clinical approach. *Int. J. Psycho-Anal.,* 45:332-337, 1964.
13. Sachs, H. Observations of a training analyst. *Psychoanal. Quart.,* 16:157-168, 1947.
14. Sandler, J. & Rosenblatt, B. The concept of the representational world. *Psychoanal. Study Child,* 17:128-145. New York: International Universities Press, 1962.
15. Schafer, R. The loving and beloved superego in Freud's structural theory. *Psychoanal. Study* . . . . 15:163-188. New York: International Universities Press, 1960.
16. Stone, L. The widening scope of indications for psychoanalysis. *J. Am. Psychoanal. Assoc.,* 2:567-594, 1954.
17. Tartakoff, H. H. The normal personality in our culture and the Nobel prize complex. In: *Psychoanalysis—A General Psychology,* ed. R. M. Loewenstein, L. M. Newman, M. Schur, & A. J. Solnit. New York: International Universities Press, 1966, pp. 222-252.
18. Ticho, E. Selection of patients for psychoanalysis or psychotherapy. Presented at the 20th Anniversary Meeting of the Menninger School of Psychiatry Alumni Association, Topeka, Kansas, May, 1966.
19. Van der Waals, H. G. Problems of narcissism. *Bull. Menninger Clin.,* 29:293-311, 1965.

2

Les problèmes cliniques des personnalités narcissiques

[263] Ce chapitre est la suite des précédentes études sur la diagnostic et le traitement analytique d'une constellation spécifique de pathologie de personnalité, celle de la personnalité narcissique * (chapitre premier). Ces dernières années un concensus s'est progressivement dégagé sur la définition de cette structure pathologique et sur l'indication d'une analyse comme thérapie de choix (3, 7, 8, 9, 10, 13, 15, 16, 17). Cependant, en dépit de l'accord qui se dégage sur les caractéristiques descriptives cliniques de cette constellation, des points de vue divergents se sont développés concernant les positions métapsychologiques sous-jacentes et l'approche technique la meilleure dans le cadre d'un traitement analytique. En particulier, l'approche que propose Kohut [1] pour le traitement analytique des troubles narcissiques de la personnalité (10), est très différente de l'approche que j'ai déjà proposée * (chapitre premier). Cette dernière est plus proche des vues d'Abraham (1), de Jacobson (3), de Rivière (12), de Rosenfeld (13), de Tartakoff (15) et de Van Der Waals (17). Aussi dans ce chapitre, j'aborderai en particulier les aspects

* *Les troubles limites de la personnalité, op. cit.*, chapitres 1 et 4.

1. Toutes les références à l'ouvrage de H. Kohut, *The Analyses of the self*, concernent la traduction française, *Le Soi*, P.U.F., 1974. Les citations proviennent de cette même traduction.

de mon approche qui mettent en lumière les accords et les désaccords avec celle de Kohut dans la compréhension et le traitement des personnalités narcissiques.

A. *CARACTERISTIQUES CLINIQUES DE LA PERSONNALITE NARCISSIQUE*

Sur les caractéristiques cliniques, [264] il existe un accord entre le point de vue de Kohut, celui des autres auteurs que j'ai mentionné dont le point de vue est différent, et moi-même. Je parle de patients avec une personnalité narcissique, lorsqu'ils présentent une préoccupation excessive de soi, coïncidant habituellement en surface avec une adaptation sociale uniforme et efficace, mais avec de graves distorsions dans leurs relations internes aux autres. Ils présentent, en des combinaisons variables, une grande ambition, des fantasmes grandioses, des sentiments d'infériorité, et une extrême dépendance à l'égard de l'admiration et des louanges extérieures. Au milieu de leurs sentiments d'ennui et de vide, de leurs recherches constantes à obtenir que leurs besoins de briller, d'être riche, puissant et beau, soient satisfaits, on trouve des déficiences graves dans leurs capacités d'amour et de sollicitude. Cette incapacité à une compréhension empathique des autres, est souvent surprenante lorsqu'on considère leur adaptation sociale apparemment correcte. Une incertitude et une insatisfaction permanentes sur eux-mêmes, leur manière consciente ou inconsciente d'exploiter ou de maltraiter les autres, sont aussi caractéristiques. Une des différences qui existent entre ma description et celle de Kohut, est peut-être que j'insiste sur la nature pathologique de leurs relations d'objet internalisées, sans me soucier de l'adaptation superficielle de la conduite d'un grand nombre de ces patients. De plus je note qu'il existe une envie permanente et intense et des défenses contre cette envie, en particulier la dévalorisation, le contrôle omnipotent, le retrait narcissique qui sont des caractéristiques majeures de leur vie affective.

B. *LA RELATION ENTRE PERSONNALITE NARCISSIQUE, ETAT LIMITE ET PSYCHOSE*

Sur ce point, il existe d'importantes différences entre ma position et celle de Kohut. Celui-ci distingue les troubles narcissiques de la personnalité, des psychoses et des états limites, mais ne fait pas une distinction claire entre « cas limites » et schizophrénie (10 : pp. 24-25). Selon mon point de vue, en revanche, l'organisation des personnalités narcissiques à la fois ressemble de façon frappante et diffère d'une manière spécifique de l'organisation limite de la personnalité, et c'est ce que je décrirai ci-dessous. Contrairement aux vues de Kohut, je vois d'importantes différences structurelles entre l'organisation limite de la personnalité [265] et les structures psychotiques, et je n'écarterai pas la psychanalyse comme traitement de choix de certains de ces patients.

La similitude entre l'organisation défensive des personnalités narcissiques, et celle des états limites se traduit par la prédominance des mécanismes de clivage et de dissociation primitive tels qu'ils se reflètent dans la présence d'états du moi, clivés ou dissociés. Ainsi un sentiment de grandeur hautaine, de timidité, et des sentiments d'infériorité peuvent coexister sans s'affecter les uns les autres. Les opérations de clivage sont maintenues et renforcées par les formes primitives de projection, en particulier l'identification projective, l'idéalisation primitive et pathologique, le contrôle omnipotent, le retrait narcissique et la dévalorisation. D'un point de vue dynamique, la condensation pathologique des besoins génitaux et prégénitaux sous l'influence envahissante de l'agressivité prégénitale (en particulier orale) caractérise les personnalités narcissiques aussi bien que l'organisation limite de la personnalité en général. A cet égard, il est intéressant que Kohut reconnaisse la présence d'« aspects conscients mais scindés du sentiment de grandeur » (10, p. 189) et qu'il décrive en détail « l'existence côte à côte d'attitudes disparates de la personnalité en profondeur » (p. 193) et le besoin de l'analyste à relier le secteur central de la personnalité au secteur clivé.

En pratique donc, Kohut reconnaît que dans l'organisation défensive, le clivage est le mécanisme prédominant, quoiqu'il ne relie pas ceci aux vicissitudes particulières du développement structurel du moi.

La différence entre la structure narcissique et l'organisation limite de la personnalité est que, dans la personnalité narcissique, il y a un soi grandiose intégré, quoique hautement pathologique, qui, comme je l'ai suggéré précédemment (chapitre premier) traduit une condensation pathologique de certains aspects du soi véritable (la « particularité » de l'enfant, renforcée par l'expérience précoce), du soi idéal (les fantasmes et les images de soi, de puissance, de richesse, d'omniscience et de beauté qui pour le petit enfant remplacent l'expérience de frustration orale grave, de rage et d'envie) et de l'objet idéal (le fantasme d'un parent qui toujours donne, toujours aime, toujours accepte, contrairement à l'expérience de l'enfant dans la réalité ; un remplacement de l'objet parental [266] véritable dévalorisé). J'adopte ici le terme de « soi grandiose » proposé par Kohut parce que je pense qu'il exprime bien les conséquences cliniques de ce à quoi j'ai précédemment fait référence comme étant la structure pathologique du soi ou de ce que Rosenfeld a appelé le soi « follement omnipotent ». L'intégration de ce soi pathologique grandiose remplace le manque d'intégration du concept de soi normal qui fait partie de l'organisation limite de la personnalité sous-jacente : ceci explique le paradoxe d'un fonctionnement du moi relativement bon ainsi que l'adaptation de surface, malgré la prédominance de mécanismes de clivage, d'une constellation de défenses primitives et du manque d'intégration des représentations d'objet chez les patients. Ce soi pathologique grandiose se traduit par des caractéristiques qui, comme on l'a mentionné ci-dessus, coïncident très bien avec les observations de tous les auteurs cités. Toutefois, il existe un désaccord fondamental entre les vues de Kohut et les miennes à propos de l'origine de ce soi grandiose : reflète-t-il la fixation d'un soi primitif archaïque « normal » (point de vue de Kohut), reflète-t-il une structure pathologique, nettement différente du narcissisme infantile normale (mon point de vue) ?

Avant d'examiner ces différences, il faut mentionner un groupe particulier de patients qui, à mon avis, illustre de la façon la plus claire les relations intimes qui existent entre l'organisation limite de la personnalité et le développement d'un soi grandiose pathologique. J'évoque ici ces personnalités narcissiques qui, en dépit d'une structure nettement narcissique, fonctionnent sur ce que j'ai appelé un niveau limite manifeste, c'est-à-dire qui présentent les manifestations non spécifiques de faiblesse du moi, caractéristiques de l'organisation limite de la personnalité, en plus d'une constellation défensive semblable. Ces patients narcissiques ont un manque grave de tolérance à l'angoisse, un manque global de contrôle pulsionnel, une absence frappante de possibilité de sublimation, des processus primaires de pensée qui deviennent patents lors des tests psychologiques, et une tendance à développer une psychose de transfert. Chez ces patients, la structure narcissique pathologique n'offre pas une intégration suffisante pour que le fonctionnement social soit efficace, et ils représentent habituellement une contre-indication à l'analyse (souvent aussi à la méthode analytique modifiée que j'ai recommandée pour la plupart des patients qui ont une organisation limite [267]. Ces patients présentent de façon caractéristique et répétitive, une activation permanente de réactions de rage intense liée à des exigences impitoyables et à des attaques dévalorisantes du thérapeute, c'est-à-dire une « rage narcissique ». On retrouve aussi ces explosions intenses de rage chez les patients limites, qui font habituellement parti de l'alternance d'une activation de relation d'objet internalisée « totalement bonne » et « totalement mauvaise » dans le transfert. Cependant, la nature implacable de cette rage, la dévalorisation qui paraît contaminer toute la relation au thérapeute, évolue comme une dévalorisation et une détériorisation complète de tout ce qui pourrait être bon dans la relation pendant un temps tel que la poursuite du traitement en est menacée.

Le cas suivant illustre cette éventualité. Une patiente, avec une personnalité narcissique assez typique, célibataire d'une vingtaine d'années, fut hospitalisée en psychiatrie après un effondrement progressif de ses résultats scolaires, un échec de ses relations sociales, et des relations sexuelles tumultueuses caractérisées par une tendance à délaisser tout homme qu'elle ne pouvait pas contrôler totalement. Ses deux parents vivaient dans un retrait narcissique et présentaient quelques tendances anti-sociales mineures. Une sœur plus âgée était en traitement à cause de ses tendances anti-sociales. Son manque de contact en profondeur avec autrui commença à l'école maternelle, fut ensuite facilité par les efforts de la patiente qui s'unissaient à ceux de sa mère pour contrôler et manipuler leur environnement social. Il culmina dans le chaos de sa vie sociale, de son travail et de ses relations sexuelles. Après deux mois de traitement au cours desquels les traits dominants étaient représentés par un discret dédain du thérapeute, de l'ensemble de l'équipe thérapeutique, une manipulation continue et un clivage de l'équipe, le thérapeute s'absenta une semaine. La patiente passa alors d'un dédain retenu à une colère et une rage évidentes. En dépit des efforts de l'équipe, elle s'arrangea pour convaincre ses parents d'interrompre son traitement deux mois plus tard. Pendant ce temps, les séances se caractérisaient par des attaques incessantes et un mépris du thérapeute, en un mot par la rage narcissique qu'on ne pouvait aborder par une approche interprétante.

Les personnalités narcissiques dont les défenses établies contre les relations d'objet primitives liées aux conflits qui entourent l'agressivité orale, ont été de façon substantielle perlaborées en analyse, [268] peuvent présenter de telles réactions de rage dans le transfert à des stades avancés du traitement. Parfois, la transformation d'une personnalité narcissique auparavant aimable, presque indifférente, apparemment bien contrôlée, en une personne ouvertement et constamment en proie à la rage, peut être tout à fait frappante. Habituellement cependant, une perlaboration dans les étapes plus avancées du traitement est possible. Elle peut être l'occasion d'importants mouvements en avant. A cet égard, une analyse attentive de l'histoire de ces patients révèle souvent des tempéraments coléreux et des crises d'agressivité qui apparaissent dans le passé lorsqu'on les frustraient, en particulier quand ces patients avaient le sentiment qu'ils pouvaient sans danger contrôler la situation et par suite au cours de leur vie, lorsqu'ils sentaient soit qu'ils étaient supérieurs, soit qu'ils contrôlaient ceux contre lesquels leur rage était dirigée.

La situation est donc différente lorsque la rage narcissique apparaît faire partie de la constellation clinique initiale (chez les personnalités narcissiques qui fonctionnent sur un niveau limite manifeste) et lorsqu'elle se développe dans le cadre d'une résolution du narcissisme pathologique au stade ultérieur du traitement. Une expression précoce et manifeste de rage narcissique, représente un risque sérieux pour le traitement. C'est particulièrement vrai chez les personnalités narcissiques qui fonctionnent sur un niveau limite et qui présente des traits anti-sociaux ou une déviation sexuelle avec de fortes composantes sadiques, par exemple des violences physiques exercées sur les objets de leurs exploits sexuels. Les adolescents qui ont une structure narcissique et qui présentent des conduites délinquantes, montrent fréquemment aussi ces réactions de rage.

Pour les personnalités narcissiques qui fonctionnent sur un niveau limite manifeste (en particulier les cas de rage narcissique mentionnés ci-dessus dont le pronostic est des plus réservé) une thérapie de soutien peut être le traitement de choix. Dans l'idéal, le traitement peut évoluer vers cette approche habituelle que j'ai proposée pour les patients limites, à savoir l'interprétation substantielle (non seulement de l'origine de la rage narcissique, mais aussi des bénéfices secondaires qui proviennent de son expression dans le transfert) et un cadre avec des limites lorsqu'on ne peut éviter ces bénéfices secondaires par les seuls moyens interprétatifs.

Lorsqu'on peut apporter des structures à la vie externe du patient de telle sorte qu'on puisse contrôler l'acting out de la rage narcissique et protéger la situation thérapeutique afin que l'analyste puisse y maintenir [269] une position relativement neutre, une interprétation systématique des fonctions défensives de l'expression de l'agressivité à l'égard du thérapeute peut être possible, avec en fin de compte une résolution de la rage narcissique. Outre l'expression directe de l'agressivité primitive, ces réactions de rage peuvent avoir une fonction défensive de protection du patient contre les craintes primitives à l'égard de l'analyste, contre une culpabilité accablante ou contre une angoisse de séparation.

Lorsque, chez ces patients, la rage narcissique se développe au cours des étapes ultérieures du traitement, il est souvent moins difficile d'en analyser l'origine et les fonctions dans le transfert. Les éclats de colère du patient pour de minimes frustrations, réelles ou fantasmatiques qui proviennent de l'analyste, peuvent représenter un important progrès à la place des précédentes dévalorisation subtiles de l'analyste, si caractéristiques des résistances narcissiques. Dévaloriser avec colère l'analyste, en essayant de l'éliminer comme objet important que sans quoi on pourrait craindre et envier, et dont on a si désespérément besoin, est une fonction caractéristique de la réaction de rage. La sécurité interne de l'analyste, et la certitude dans ce qu'il a à offrir de manière réaliste aux patients, sont très importantes car ils rassurent le patient sur ses fantasmes concernant la nature accablante de sa propre agressivité.

En résumé donc, le soi grandiose pathologique compense l'« affaiblissement du moi » qui résulte de l'organisation défensive primitive, caractéristique commune des personnalités narcissiques et des patients qui ont une organisation limite de la personnalité, et explique le fait que les personnalités narcissiques peuvent présenter un fonctionnement manifeste qui les situe entre un niveau limite et des types de fonctionnement de personnalité mieux intégrés. On peut habituellement faire le diagnostic différentiel entre personnalité narcissique et les autres types de pathologie de personnalité par une analyse soigneuse des traits cliniques ; j'ai déjà envisagé le diagnostic différentiel entre personnalité narcissique, personnalité hystérique, personnalité infantile et personnalité obsessionnelle (chapitre premier et *Les troubles limites de la personnalité, op. cit.*, chapitres 1 et 4). Dans les cas où un doute persiste, ou lorsqu'on ne peut établir de diagnostic avant le début du traitement, le développement caractéristique d'un transfert narcissique distingue [270] les personnalités narcissiques de l'habituel transfert névrotique des autres cas. Sur ce point, je pense que Kohut et moi sommes d'accord.

C. *LA RELATION ENTRE NARCISSISME NORMAL ET PATHOLOGIQUE*

1. Arrêt de développement ou développement pathologique ?

Kohut (10) pense que les personnalités narcissiques restent « fixées à des configurations archaïques du soi grandiose et/ou à des objets archaïques, surestimés et narcissiquement investis » (p. 11). Il établit clairement (p. 17) une continuité entre narcissisme normal et pathologique dans lequel le soi grandiose représente une forme archaïque de ce qui normalement, et au cours du traitement, peut devenir le soi normal dans un processus continu. Son analyse se centre presque exclusivement sur les vicissitudes du développement des investissements libidinaux si bien que l'analyse du narcissisme pathologique ne se relie pas de façon fondamentale à l'exploration des vicissitudes de l'agressivité. Kohut (10) affirme (p. 7) : « plus précisément cette étude est presque exclusivement centrée sur le rôle joué par les forces libidinales dans l'analyse de personnalité narcissique ; le rôle de l'agression sera traité séparément ». En outre, Kohut examine le narcissisme en mettant tellement en avant la qualité de la charge pulsionnelle qu'il semble envisager l'existence de deux pulsions libidinales entièrement différentes, narcissiques et tournées vers l'objet, déterminées par des qualités intrinsèques plutôt que par le lieu (le soi ou l'objet) de l'investissement pulsionnel. Selon ses propres termes (p. 34) : « le narcissisme ne se définit pas par le lieu de l'investissement instinctuel (que ce lieu soit le sujet lui-même ou un objet) mais par la nature ou la qualité de la charge instinctuelle elle-même ». Il reprend ensuite l'essentiel de cette affirmation (note du bas de la p. 47) et considère que le développement de l'amour d'objet est largement indépendant du développement des diverses formes du narcissisme des plus basses au plus élevées (pp. 229, 239, 310). Kohut donne l'impression qu'il analyse les vicissitudes du narcissisme normal et pathologique et des relations d'objet normales et pathologiques comme dépendant principalement de la qualité des investissements libidinaux plutôt qu'en termes de vicissitudes de relations d'objet internalisées.

[271] Je ne suis pas d'accord avec ces points de vue et comme Jakobson (3), Malher (11), Van Der Waals (17), je pense qu'on ne peut pas dissocier l'étude du narcissisme normal et pathologique des vicissitudes des rejetons pulsionnels libidinaux et agressifs et du développement des rejetons structurels des relations d'objet internalisées (5, 6). Dans ce qui suit, j'apporterai le matériel clinique et les considérations théoriques pour soutenir les points de vue suivants :

a) *Les résistances narcissiques spécifiques des patients qui ont une personnalité narcissique* traduisent un narcissisme pathologique qui est différent à la fois du narcissisme adulte ordinaire et d'une fixation ou d'une régression à un narcissisme infantile normal. Par conséquent, les résistances narcissiques qui se développent au cours de l'interprétation des défenses chez les patients autres que les personnalités narcissiques, sont d'une nature différente, nécessitent une technique différente, et ont des conséquences pronostiques différentes, comparées aux résistances narcissiques des patients qui ont un narcissisme pathologique.

b) *On ne peut comprendre le narcissisme pathologique qu'en terme d'analyse combinée des vicissitudes des rejetons pulsionnels libidinaux et agressifs.* Le narcissisme pathologique ne reflète pas simplement un investissement libidinal dans le soi opposé à un investissement libidinal dans les objets, mais un investissement libidinal dans une structure pathologique du soi. Ce soi pathologique a des fonctions défensives contre les images de soi et d'objet primitives sous-jacentes, investies de façon libidinale et agressive et qui reflètent d'intenses conflits essentiellement prégénitaux centrés autour de l'amour et de l'agressivité.

c) *On ne peut comprendre les caractéristiques structurelles des personnalités narcissiques uniquement en termes de fixation* à une étape précoce du développement ou en termes de manque de développement de certaines structures intrapsychiques. En effet le développement d'une différenciation et d'une intégration pathologique (et non normale) des structures du moi et du surmoi, qui dérivent de relations d'objet pathologiques (et non normales) n'est pas sans conséquence.

Résumons ces trois points de vue dans une conclusion d'ensemble : l'investissement narcissique (c'est-à-dire l'investissement dans le soi) et l'investissement d'objet (c'est-à-dire l'investissement dans les représentations d'autrui et dans les autres êtres humains) apparaissent en même temps et s'influencent l'un et l'autre de façon étroite, si bien qu'on ne peut étudier [272] les vicissitudes du narcissisme sans étudier les vicissitudes des relations d'objet, de la même manière qu'on ne peut étudier les vicissitudes du narcissisme normal et pathologique sans les relier au développement des relations d'objet internalisées, liées aux rejetons pulsionnels à la fois libidinaux et agressifs.

2. Différence entre narcissisme infantile et pathologique

Voici dans ce qui suit quelques remarques cliniques pertinentes. Le diagnostic différentiel entre personnalité narcissisque, personnalité obsessionnelle, personnalité dépressive avec des traits masochistes, ou personnalité hystérique (c'est-à-dire entre patients narcissiques qui fonctionnent relativement bien et les autres types de pathologie de personnalité) illustre combien les patients narcissiques semblent non seulement s'aimer eux-mêmes de façon excessive mais comment ils le font d'une mauvaise manière souvent en se rabaissant eux-mêmes, si bien qu'on en conclut que ces patients ne se traitent pas mieux que leurs autres relations (17). Leur conviction d'être « artificiels », leur manque profond de confiance en l'existence de quelque chose de bon et de valable qui puisse émerger d'une investigation honnête de soi, leur négligence et leur méconnaissance parfois étonnante de leur « image de marque » qu'il s'agisse d'honnêteté, de bienséance ou de convictions dans des valeurs éthiques, sont de bien médiocres moyens de s'aimer eux-mêmes.

Les traits suivants distinguent le narcissisme pathologique du narcissisme normal des petits enfants : 1. Les fantasmes grandioses des petits enfants normaux, leur désir coléreux de contrôler leur mère, et de rester au centre de l'attention de chacun, ont une qualité beaucoup plus réaliste que ce qu'on voit chez les personnalités narcissiques. 2. L'excessive réaction du petit enfant aux critiques, échecs, blâmes, comme son besoin d'être le centre d'attention, d'admiration et d'amour, coexistent avec une expression simultanée d'amour, de gratitude sincère et d'intérêt pour ces objets lorsqu'il n'est pas dans une situation de frustration ; par dessus tout, cela coexiste avec une capacité à faire confiance et à dépendre des objets importants. La capacité d'un enfant de deux ans et demi à maintenir l'investissement libidinal de sa mère pendant des séparations temporaires contraste de façon frappante avec l'incapacité du patient narcissique à dépendre d'autres personnes (y compris l'analyste) au-delà d'une satisfaction de ses besoins immédiats [273]. 3. Le narcissisme infantile normal se reflète dans les demandes de l'enfant liées à des besoins réels, tandis que la demande du narcissisme pathologique est excessive, ne peut jamais être satisfaite, et se révèle régulièrement secondaire à un processus de destruction interne de ce qu'il a reçu. 4. La froideur et la distance que présentent ces patients avec un narcissisme pathologique lorsqu'ils n'ont pas à mettre en jeu leur charme social, leur méconnaissance des autres sauf en les idéalisant temporairement comme source potentielle d'aliment narcissique, et la prévalence du mépris et de la dévalorisation dans la plupart de leurs relations, contrastent encore de façon frappante avec la qualité chaleureuse de l'égocentrisme du petit enfant. Poursuivant cette observation de l'histoire du narcissisme de patients narcissiques, on trouve lorsqu'ils ont deux ou trois ans, une absence de chaleur normale et d'intérêt pour autrui, et une attitude destructrice et brutale, anormale, très facilement activée. 5. Les fantasmes narcissiques infantiles normaux de puissance, de richesse, de beauté qui proviennent de la période pré-œdipienne, n'impliquent pas une possession exclusive de tout ce qui est bon et enviable dans le monde ; l'enfant normal n'a pas besoin que chacun l'admire d'être le possesseur exclusif de tels trésors, mais c'est un fantasme caractéristique des personnalités narcissiques. Dans le narcissisme infantile normal, les fantasmes de triomphe ou de grandeur narcissiques sont mêlés au désir que l'acquisition de ces éléments permettent à l'enfant d'être aimé et accepté de ceux qu'il aime ou dont il veut se faire aimer.

Tout ceci a pour conséquence qu'il existe une différence frappante entre narcissisme normal et pathologique.

3. Les manifestations du narcissisme pathologique au cours de l'analyse

Dans le transfert, une des principales fonctions des résistances narcissiques des personnalités narcissiques, est de dénier l'existence de l'analyste comme être humain indépendant, autonome, en dehors d'une fusion simultanée dans le transfert comme on peut l'observer lors de régression profonde. C'est comme si l'analyste était toléré dans une sorte d'« existence satellite » ; [274] pendant plusieurs mois ou années il y aura probablement de fréquents renversements de rôles, sans aucun changement fondamental dans l'aspect d'ensemble du transfert. Le soi grandiose permet le déni d'une dépendance à l'égard de l'analyste. Régulièrement, cependant, lorsqu'on a pu perlaborer cette constellation défensive, il s'avère que ce déni d'une dépendance à l'analyste ne traduit pas une absence de relation d'objet internalisée ou une absence de capacité à investir les objets, mais une défense rigide contre des relations d'objet pathologiques plus primitives qui s'organisent autour de la rage narcissique et de l'envie, de la crainte et de la culpabilité à cause de cette rage, avec cependant un espoir désespéré en une relation que ne pourrait détruire la haine. Cette constellation défensive diffère tout à fait de l'activation des défenses narcissiques des autres types de personnalité.

Chez les patients qui n'ont pas une structure narcissique de la personnalité, le ressentiment envers l'analyste, les réactions de désappointement, les sentiments de honte et d'humiliation au cours de l'analyse sont temporaires et moins intenses ; et leurs réactions coexistent avec une possibilité manifeste à dépendre de l'analyste comme l'indique dans le transfert l'angoisse de séparation ou les réactions de deuil. En revanche, la dévalorisation et le mépris complet de l'analyste sont au premier plan chez les personnalités narcissiques, souvent rationnalisés comme des réactions de « désappointement ». Il persiste une absence d'angoisse de séparation ou de réaction de deuil lors des week-ends, absences ou maladie de l'analyste si bien que, même au moment d'une apparente idéalisation de l'analyste, la différence entre cette idéalisation et ce qu'on voit dans les autres transferts est frappante.

L'expression de colère et de rage dans le cadre du transfert essentiellement négatif, liée à l'analyse des défenses de patients non narcissiques, ne provoquera pas la dévalorisation de l'analyste qui est typique des personnalités narcissiques. L'alternance entre des exigences infantiles lors des colères, et des manifestations d'amour, de gratitude, et d'idéalisation suscitées par la culpabilité, caractéristique des patients non narcissiques donne encore au transfert une qualité totalement différente. Souvent les personnalités narcissiques n'ont aucune curiosité concernant la vie de l'analyste dans les domaines qui ne se rapportent pas à leur besoin immédiat, pendant des mois ou des années. [275] La présence d'une idéalisation apparemment « normale » (quoique infantile) en même temps qu'un oubli presque total de l'analyste, nous alerte sur la différence entre l'idéalisation normale et pathologique. L'absence de capacité à dépendre d'autrui des personnalités narcissiques qui s'oppose à une dépendance acharnée et à une capacité conservée de relations d'objet très variées chez les patients limites, contribue fondamentalement au diagnostic différentiel entre personnalités narcissiques qui fonctionnent à un niveau limite manifeste et patients limites ordinaires. Les autres éléments de ce diagnostic différentiel sont les caractéristiques spécifiques de l'idéalisation pathologique, la prévalence du contrôle omnipotent et en particulier du mépris et de la dévalorisation, et le retrait narcissique dans le cas des personnalités narcissiques. De nouveau, l'analyse met en évidence cette différence fondamentale entre le narcissisme infantile normal, une fixation au narcissisme infantile typique des patients qui ont une pathologie de personnalité autre que les personnalités narcissiques, et le narcissisme pathologique des personnalités narcissiques.

4. Considérations génétiques

Cette différence devient même encore plus frappante quand, au cours de la thérapie, on analyse les déterminants génétiques des résistances narcissiques et les défenses qui s'y rattachent. Cette analyse génétique révèle que, plutôt qu'une fixation au stade infantile narcissique du développement, fixation directement liée aux frustrations et aux défaillances de la figure de maternage et des objets importants de l'enfant, les personnalités narcissiques reproduisent dans le transfert les processus précoces de dévalorisation des objets externes importants et de leurs représentations intrapsychiques comme élaboration et défense secondaires contre des conflits sous-jacents centrés autour de la rage orale et de l'envie. Ils ont besoin de détruire les sources d'amour et de gratification afin d'éliminer la source d'envie et la rage projetée tout en se retirant simultanément dans le soi grandiose qui représente une refusion primitive des images idéalisées des figures parentales et des images idéalisées du soi, si bien qu'ils échappent au cercle vicieux de la colère, de la frustration et de la dévalorisation [276] agressive de la source potentielle de gratification, au prix d'une sérieuse dégradation des relations d'objet internalisées. En résumé, les processus de dévalorisation rationnalisés comme des réactions de « désappointement » dans le transfert, reproduisent la dévalorisation pathologique des images parentales tandis que la structure défensive du soi grandiose réalise la condensation pathologique de composants issus des relations d'objet qui reflètent ces conflits.

J'ai déjà dit (chapitre premier) qu'on se pose toujours la question de l'origine de l'intensité de la pulsion agressive au sein de ce tableau, et que la prédominance de figures maternelles toujours froides, narcissiques, et en même temps hyper-protectrices semble être le principal facteur étiologique dans la psychogenèse de cette pathologie. L'inclusion de l'enfant dans le monde narcissique de la mère à certaines périodes précoces de son développement, crée la tendance à la particularité de l'enfant autour de quoi les fantasmes du soi grandiose se cristallisent. Les défenses narcissiques protègent le patient non seulement contre l'intensité de sa rage narcissique mais aussi contre de profondes convictions d'indignité, contre une image effrayante d'un monde dépourvu d'amour et de nourriture, et contre un concept de soi ressemblant à un loup affamé prêt à tuer et manger pour survivre. Dans le transfert, toutes ces craintes se réactivent au moment où le patient commence à être capable de dépendre de l'analyste. Le patient redoute maintenant son envie destructrice de l'analyste et il ne sait pas si son besoin d'amour survivra ou sera plus fort que ses attaques agressives contre l'analyste. Ceci produit dans le transfert un axe profondément ambivalent et effrayant qui doit être perlaboré.

5. Les différents types d'idéalisation et la relation entre l'idéalisation narcissique et le soi grandiose

A propos de la nature des opérations défensives du narcissisme pathologique, j'ai déjà fait allusion au fait que chez ces patients, l'idéalisation de l'analyste est très différente de l'idéalisation primitive des patients limites, et de l'idéalisation qui apparaît dans d'autres types de psychopathologie. Les états limites se caractérisent [277] par ce que j'ai appelé une « idéalisation primitive », principalement une image non réaliste « totalement bonne » de l'analyste comme un objet primitif bon, puissant, gratifiant, utilisé comme protection contre la « contamination » de l'analyste par les projections paranoïdes d'un objet primitif sadique « totalement mauvais ». En d'autres termes, ce niveau primitif d'idéalisation se rattache à l'existence prédominante du mécanisme de clivage. En revanche, dans les troubles de personnalités non narcissiques et dans les névroses, l'idéalisation de l'analyste comme une bonne image parentale qui aime et pardonne est liée à l'ambivalence du patient, à sa culpabilité et à sa préoccupation devant l'existence simultanée d'un amour et d'une haine intense à l'égard de l'analyste. A ce niveau plus élevé d'idéalisation, l'analyste devient une figure parentale capable d'une compréhension et d'une tolérance totale, qui aime le patient malgré sa « méchanceté ». Après ce niveau d'idéalisation, c'est un type d'idéalisation encore plus mature qui comprend la projection sur les objets idéalisés des fonctions du surmoi de niveau plus élevé qui concernent les systèmes de valeur où on rencontre abstraction et non personnification : un phénomène en essence normale et qui caractérise en particulier l'adolescence et l'état amoureux.

Les différents types d'idéalisation peuvent s'envisager comme un *continuum* à partir d'un fonctionnement primitif normal jusqu'à un fonctionnement adulte normal. Cependant, toutes celles-ci contrastent vivement avec l'idéalisation des personnalités narcissiques qui reflètent la projection sur l'analyste du soi grandiose du patient. Le patient narcissique étend son propre sentiment de grandeur jusqu'à y inclure l'analyste. Ainsi, tandis qu'il associe apparemment librement en présence de l'analyste, en fait il se parle à lui-même, étalé en une figure grandiose « s'auto-observant » dont le patient devient, temporairement un satellite ou une attache. Il faut noter qu'aucune véritable fusion ne prend place tant que le patient « récupère » cette idéalisation à la fin de la séance et montre une absence complète de dépendance réelle à l'égard de l'analyste, ainsi que l'indique la différence entre cette réaction et la fusion soi-objet plus primitive qui caractérise ce que Jakobson (3) appelle l'identification psychotique et que Malher (11) décrit comme la phase symbiotique du développement. Ce n'est pas une fusion de l'image de soi et d'objet qui traduit une régression à un niveau très précoce de développement auquel les frontières du moi ne sont pas encore stabilisées, car l'épreuve de réalité au sens strict [278] se maintient pendant les séances et il ne se développe pas de psychose de transfert.

Ainsi, puisque l'idéalisation de l'analyste n'alterne pas avec la projection intense d'un « mauvais objet » sur lui (comme c'est le cas des états limites) ni n'entraîne culpabilité et réparation (comme dans les types infantiles normaux d'idéalisation au cours d'une névrose de transfert), l'idéalisation est un processus pathologique plutôt qu'une étape normale du développement. On peut localiser les origines génétiques de cette pathologie quelque part entre le stade de différenciation soi-objet (c'est-à-dire au-delà du niveau de développement caractéristique des psychoses) et le stade de l'intégration normale des images de soi en une structure de soi normale et des images d'objet en des représentations d'objet intégrées (c'est-à-dire les structures provenant des relations d'objet qui sous-tendent les formes habituelles de pathologie de la personnalité et des névroses). Un soi grandiose pathologique est projeté sur l'analyste, l'« empathie » du patient pour ce soi projeté se maintient, et le patient tente d'exercer le plus grand contrôle possible pour que l'analyste fasse exactement ce qui convient pour maintenir la projection et éviter l'émergence d'un analyste comme objet autonome, indépendant ; c'est toute cette opération défensive qui reflète ce que j'ai appelé, sur le plan opérationnel (reformulant l'usage que Mélanie Klein a fait de ce terme) l'« identification projective », un autre mécanisme caractéristique des états limites et des personnalités narcissiques *. Les conséquences pratiques des efforts continus du patient pour obliger l'analyste à se conduire très exactement comme le patient a besoin de le voir, correspond tout à fait aux descriptions de Kohut du transfert au miroir. Ce que je veux encore noter cependant, c'est la nature spécifique particulière de la constellation du narcissisme pathologique qui s'oppose aux développements narcissiques des autres types de pathologie.

L'opinion de Kohut sur l'idéalisation narcissique s'oppose à la formulation précédente. Il considère que les personnalités narcissiques souffrent d'un manque d'internalisation optimale de l'imago objet-soi rudimentaire et archaïque - l'image parentale idéalisée (10, pp. 45 à 55). Il note que les idéalisations du petit enfant appartiennent sur le plan géné-

---

* *Les troubles limites de la personnalité, op. cit.*, chapitre premier.

tique et dynamique à un contexte narcissique, une proposition qui prend tout son sens [279] lorsque Kohut déclare que c'est la qualité de l'investissement libidinal et non le lieu de l'investissement pulsionnel qui détermine si une internalisation est fondamentalement narcissique ou objectale. A cause d'une perte ou d'un déplacement traumatique de l'objet idéalisé, l'internalisation optimale ne se produit pas et Kohut suggère : « l'intensité de la recherche de ces objets et la dépendance ressentie à leurs égards sont dues au fait qu'ils sont recherchés en tant que substitut des fragments absents de la structure psychique. Ils ne sont pas des objets (au sens psychologique du terme) puisqu'ils ne sont pas aimés ou admirés pour leurs attributs, et les traits réels de leur personnalité de même que leurs actes ne sont qu'obscurément perçus. Ils ne sont pas désirés mais simplement vus comme nécessaires pour suppléer aux fonctions de la partie de l'appareil mental, qui ne s'est pas constitué durant l'enfance » (p. 53). Il suggère donc que le transfert idéalisant des personnalités narcissiques correspond à une fixation à un niveau archaïque du développement normal.

Selon mon point de vue, le transfert idéalisant reflète un type pathologique d'idéalisation et correspond à l'activation massive du soi grandiose dans le transfert. Ainsi ce que Kohut appelle le transfert en miroir et ce qu'il appelle le transfert idéalisant correspondent à mon avis à l'activation alternative de composants qui appartiennent essentiellement à un soi pathologique condensé. Ce soi est issu de la fusion de certains aspects du soi véritable, du soi idéal et de l'objet idéal. Cette condensation est pathologique et ne représente pas seulement une fixation à un stade précoce de développement. Kohut lui-même, lorsqu'il se réfère à l'imago parentale idéalisée, fait référence à celle-ci comme un « objet-soi » archaïque, rudimentaire, et décrit des « oscillations régressives typiques » pendant l'analyse des troubles narcissiques (voir 10, schéma 2, p. 104 qui illustre comment des changements apparaissent depuis le transfert idéalisant jusqu'à l'activation du sentiment de grandeur chez le patient). J'ai trouvé que l'alternance d'une projection du soi grandiose sur l'un des participants de la relation analytique, tandis que l'autre représente les reliquats du soi véritable incorporé, comme dans une union magique avec le partenaire idéalisé, est un trait fréquent des résistances narcissiques.

Selon moi, l'idéalisation précoce de l'analyste [280] dans le transfert ne constitue pas une forme essentiellement différente de la projection du soi grandiose sur celui-ci et contient souvent de nombreux éléments caractéristiques du soi grandiose. En outre, au début de l'analyse, l'idéalisation de l'analyste sert à recréer chez le patient la relation habituelle d'incorporation des sources possibles de gratification ; l'idéalisation de telles sources représente les fantasmes gratifiants que d'autres personnes, l'analyste dans ce cas, possèdent encore quelque chose de bon que le patient n'a pas encore incorporé et qu'il doit s'approprier. L'idéalisation précoce est aussi une défense contre le danger d'émergence de l'envie intense et contre les processus de dévalorisation de l'analyste. La dévalorisation de l'analyste peut protéger le patient contre l'envie mais elle détruit aussi son espoir de recevoir quelque chose de bon et de nouveau. A un niveau plus profond, elle reconfirme ses craintes de n'être jamais capable d'établir une relation d'amour et de gratification réciproque.

Ainsi, dans les étapes précoces de leur analyse, les patients narcissiques ont ce fantasme typique : leur analyste est le meilleur de tous. Ils n'ont pas à envier les autres patients d'avoir un autre analyste ; ils sont les seuls patients de l'analyste ou tout au moins les patients les plus intéressants que l'analyste préfère à tous les autres, etc... Progressivement les aspects idéalisés de l'analyste se modifient selon des directions qui révèlent la nature particulière du soi grandiose du patient. A travers tout ce processus, des changements surviennent au cours desquels l'analyste idéal est soit disant heureux d'avoir ce patient inhabituel, et le patient peut se réassurer de l'intérêt exclusif de l'analyste parce qu'aucun autre patient d'aucun autre analyste ne pourrait fournir une expérience analytique si satisfaisante, etc... Ces changements soudains entre des moments où l'analyste est considéré comme une créature parfaite, semblable à Dieu, suivis d'une dévalorisation complète de l'analyste avec une idéalisation de soi du patient, pour revenir ensuite à une apparente idéalisation de l'analyste pendant que le patient se ressent lui-même comme partie de l'analyste, indiquent les étroites connections entre les composants de la structure globale condensée - le soi grandiose - qui caractérise les résistances narcissiques. L'analyse de tous les composants de cette structure pathologique révèle les fonctions défensives contre l'émergence directe de la rage orale [281] et de l'envie, contre les craintes paranoïdes liées à une projection des tendances sadiques sur l'analyste (représentant une image maternelle mauvaise, haïe et perçue de manière sadique) et contre les sentiments fondamentaux de solitude terrifiante, de soif d'amour et de culpabilité face à l'agressivité dirigée contre les images parentales frustrantes.

Un patient, un confrère en traitement avec un collègue, eut le sentiment au début de son traitement que son analyste possédait une parfaite technique d'interprétation. A partir, dit-il, de ce qu'il avait entendu et de ses propres observations sur son analyste, il dressa le tableau d'un technicien très complet, méticuleux, quelque chose de froid et de distant, quoique perfectionniste qui veillerait à ce que toutes les défenses et tous les conflits du patient soient résolus systématiquement. Le patient passa progressivement de cette vision de son analyste à celle d'un homme qui était absolument sûr de lui, incorruptible, rigide, mais parfaitement stable et sûr qui ne pouvait laisser libre cours aux émotions et interrompait le patient avec une précision scientifique uniquement quand et si c'était nécessaire. Il se sentait très rassuré par cette image de perfection et on aurait pu penser que ce transfert constituait une idéalisation de l'analyste comme objet externe. Toutefois, il s'avéra progressivement que le patient avait lu les œuvres techniques d'un analyste connu d'une autre ville avec l'intention de passer de l'analyste actuel à cet autre au cas où il découvrirait quelques défauts chez son analyste actuel. D'une manière subtile, il essayait d'obliger son analyste à se conformer à son tableau d'une parfaite machine analysante, avec les qualités de froideur, de distance et d'inaccessibilité olympienne qui en étaient les principaux traits. Le patient présentait des attitudes tout à fait semblables à celles de l'analyste de ses fantasmes et avait une attitude distante et inaffective à l'égard de ses propres patients tandis qu'il essayait de copier l'attitude de son analyste. Le patient était très fier de sa technique attentive, précise, intellectuelle ; il s'irritait aussi beaucoup lorsque quelqu'un envahissait ce qu'il considérait comme son espace ou son temps personnel. Il manifesta de vives réactions de désappointement lorsque l'analyste ne se conforma pas à l'image de soi du patient, ou lorsqu'il voulut lui donner des indices d'une personnalité différente de celle que le patient connaissait et comprenait, [282] le menaçant ainsi par la présence d'une personne autonome, indépendante. Ce cas illustre la connection étroite entre l'idéalisation de l'analyste, qui représente une partie du soi grandiose du patient et la nature pathologique de ce processus d'idéalisation.

6. Caractéristiques structurelles et origines du soi grandiose

Quelles sont les origines et les fonctions de la condensation pathologique de ce soi grandiose ? A mon avis, les images d'objet idéalisées qui normalement devraient être intégrées dans l'idéal du moi puis comme telles dans leur surmoi, sont condensées au concept de soi. Comme résultat, il n'y a pas d'intégration normale du surmoi, les frontières entre moi et surmoi sont estompées dans certains domaines, et les aspects inacceptables du soi véritable sont dissociés et/ou refoulés, en association à une dévalorisation globale et destructrice des objets externes et de leurs représentations. Ainsi, le monde intrapsychique de ces patients n'est peuplé que par leur propre soi grandiose, par des ombres dévalorisées du soi et des autres, et par des persécuteurs potentiels qui représentent tout autant les précurseurs surmoïques sadiques non intégrés, que les images d'objet primitives déformées sur lesquelles un sadisme oral intense a été projeté. Il faut noter encore que ces événements apparaissent au moment où les images de soi et d'objet ont été suffisamment différenciées les unes des autres afin d'assurer des frontières du moi stables de telle sorte que la condensation pathologique apparaît après l'accession au stade du développement qui sépare les structures psychotiques des structures non psychotiques. Ainsi formé, le soi grandiose pathologique permet une certaine intégration du moi et fournit une meilleure adaptation sociale d'ensemble que celle qui est atteinte par les patients limites en général. Le clivage du soi caractéristique des patients limites est ainsi évité, mais au prix d'une détérioration ultérieure des relations d'objet, de la perte de la capacité à dépendre d'autrui et d'une fâcheuse capacité à protéger le soi de tout conflit affectif avec autrui en se retirant dans un isolement grandiose et splendide qui donne le sceau spécifique de l'organisation narcissique.

Une autre conséquence de ces événements est que, tant que dure la condensation dans le soi grandiose des éléments du surmoi [283] et des éléments du moi, certains éléments du surmoi ne seront pas disponibles pour une intégration du surmoi, en particulier les composants normaux de l'idéal du moi. Dans ces circonstances, les précurseurs sadiques du surmoi prédominent et l'intégration du surmoi pourra représenter pour le moi un danger terrible d'écrasement par ce surmoi primitif et sadique. Ainsi, comme manque l'intégration normale de l'idéal du moi avec les autres structures surmoïques, les précurseurs des systèmes de valeurs ultérieures manquent aussi. De même manque également la condition préalable à une internalisation des composants surmoïques suivants, principalement les images parentales plus réalistes dérivées des conflits œdipiens qui normalement constituent le ciment essentiel de l'intégration du surmoi (3). La dévalorisation des parents, rationalisée comme des réactions de désappointement, se nourrit aussi de ce développement défectueux des fonctions les plus élaborées du surmoi. Elle entrave ensuite l'intégration normale des systèmes de valeurs qui font partie de la personnalité totale et le développement des capacités de sublimation qui en dépendent. La conséquence finale, et la plus importante, de l'établissement du soi grandiose, est la rupture de la polarité normale entre soi et image d'objet qui font partie d'unités internalisées qui fixent et reproduisent des relations satisfaisantes avec autrui. Le soi grandiose permet le déni de la dépendance des autres, protège l'individu contre la rage et l'envie narcissiques, crée le préalable à une dévalorisation, une dépréciation permanente des autres et contribue à déformer les futurs investissements à la fois narcissiques et objectaux du patient.

Pour toutes ces raisons, on ne peut considérer le narcissisme patholologique comme une simple fixation à un narcissisme primitif normal. Le narcissisme normal provient de l'investissement libidinal en une image de soi et d'objet originellement indifférenciée de laquelle ensuite, des images de soi et d'objet investies de façon libidinale se développeront. Celles-ci détermineront finalement un soi intégré qui incorpore les images de soi d'origine libidinale et d'origine agressive sous la prédominance des images d'origine libidinale. Le soi intégré est entouré par les représentations d'objet intégrées qui finalement traduisent l'intégration des images d'objet plus précoces investies de façon libidinales et de façon agressives, [284] l'intégration apparaissant aussi sous la prédominance d'images d'objet essentiellement libidinales. Dans le narcissisme pathologique ce « monde de représentations » normal est remplacé par une constellation pathologique de relations d'objet internalisées.

Ainsi contrairement aux vues de Kohut sur la nature de

la pathologie du surmoi dans les personnalités narcissiques, je pense que ces cas ne reflètent pas simplement un manque de développement des précurseurs idéalisés du surmoi (les composants de l'idéal du moi) mais une condensation pathologique de ces précurseurs avec les composants du moi. De ce fait les frontières normales du moi et du surmoi sont estompées ; cela empêche que les structures surmoïques primitives se développent en un surmoi normal élaboré. Il n'y a pas seulement un « manque » d'internalisation de certains précurseurs normaux idéalisés du surmoi mais une déformation active de ceux-ci avec simultanément une dévalorisation pathologique des objets externes. D'une façon plus générale, il n'y a pas simplement une « absence » de certaines structures, mais un développement pathologique de structures plus précoces si bien que les structures normales ultérieures ne peuvent se développer.

D. *TECHNIQUES PSYCHANALYTIQUES ET TRANSFERT NARCISSIQUE*

Si je le comprends bien, toute la stratégie de Kohut vise à permettre le plein établissement d'un transfert narcissique, en particulier le déploiement d'un transfert en miroir qui reflète l'activation du soi grandiose. Il montre que ce développement du transfert complète un processus normal qui a été arrêté, celui de l'internalisation du soi-objet idéal à l'intérieur du surmoi et permet la croissance correspondante depuis un narcissisme primitif jusqu'à un narcissisme mature. Kohut suggère que « lorsque dans l'analyse des troubles narcissiques un transfert idéalisant commence à germer, il n'y a qu'une seule attitude correcte sur le plan analytique : celle qui consiste à accepter l'admiration du patient » (10, p. 277). L'analyste, ajoute Kohut « interprète les résistances du patient à la révélation de son sentiment de grandeur, et lui démontre non seulement que son sentiment de grandeur et son exhibitionnisme ont déjà joué un rôle en leur temps mais qu'ils doivent maintenant pouvoir devenir conscients. Toutefois, durant une phase prolongée de l'analyse, il est presque toujours nuisible [285] de souligner l'aspect irrationnel des fantasmes de grandeur du patient ou la nécessité où il se trouve de restreindre ses exigences d'exhibitionnisme. En fait, l'intégration au réel du sentiment de grandeur et de l'exhibitionnisme infantile du patient se fera spontanément et calmement (quoique très lentement) si le patient est capable, aidé par la compréhension empathique qu'a l'analyste du transfert au miroir, de maintenir la mobilisation du soi grandiose et d'exposer le moi à ces exigences » (10, p. 285).

Kohut reconnaît, « au premier abord, je peux sembler affirmer que dans des cas de ce genre l'analyste doit se rendre aux désirs transférentiels de l'analysé, c'est-à-dire, dans le cas qui nous intéresse ici, qu'il doit fournir à la patiente une « expérience émotionnelle corrective » en lui offrant cet écho émotionnel, cette approbation qu'elle n'avait pu recevoir de sa mère dépressive » (10, p. 303). En objection à cette interprétation, Kohut affirme, « bien que, pour des raisons tactiques (par exemple pour obtenir la collaboration d'un secteur du moi de l'analysé), l'analyste puisse, en pareil cas, avoir passagèrement à se soumettre avec regret aux désirs infantiles, la véritable visée de la cure ne consiste pas dans la gratification mais bien plutôt dans la domination fondée sur l'insight et atteinte dans le cadre d'une (tolérable) abstinence analytique » (10, p. 304).

Lorsqu'il discute les résultats de son approche, il affirme : « les résultats essentiels du traitement analytique des personnalités narcissiques se produisent dans le domaine narcissique lui-même et les modifications ainsi obtenues constituent dans la plupart des cas le résultat le plus important du point de vue thérapeutique » (10, p. 311). Il considère l'accroissement et l'extension de la capacité du patient à un amour objectal comme « le changement non spécifique le plus important » (10, p. 309) et dit que « cela explique que l'accessibilité croissante d'investissements instinctuels-objectaux à mesure que l'analyse progresse n'indique habituellement pas que le narcissisme mobilisé s'est transformé en amour objectal ; elle doit plutôt être attribuée à la libération d'une libido objectale jusque là refoulée ; autrement dit, elle provient de succès thérapeutiques dans des secteurs de psychopathologie secondaire (névrose de transfert) chez un patient atteint de troubles narcissiques primaires » (10, pp. 309-310).

A mon avis, Kohut néglige la relation étroite [286] entre les conflits narcissiques et objectaux correspondants et la nature cruciale des conflits organisés autour de l'agressivité dans la psychopathologie des patients narcissiques. Bien qu'il soit important et je suis d'accord avec lui, de permettre que le transfert se développe pleinement plutôt que de l'interpréter prématurément, et que l'analyste doit éviter - comme dans tous les cas d'analyse - toute attitude moralisante concernant la nature inappropriée du sentiment de grandeur du patient, l'approche de Kohut peut involontairement favoriser une entrave au développement complet des éléments transférentiels négatifs, maintenir chez le patient une crainte inconsciente de son envie et de sa rage et ainsi gêner la perlaboration du soi grandiose pathologique. Kohut montre que les transferts en miroir qui reflètent l'activation du soi grandiose doivent être tolérés pour qu'ils puissent se développer complètement parce que, sans quoi, le sentiment de grandeur narcissique peut se perpétuer de façon sous-jacente. Il semble que l'analyse systématique des aspects positifs et négatifs du sentiment de grandeur du patient en gardant une position neutre, atteint mieux l'objectif d'une activation complète du transfert narcissique.

Je suis d'accord avec Kohut, que le traitement psychanalytique des personnalités narcissiques est centré sur l'activation du soi grandiose et sur la nécessité d'aider le patient à parvenir à prendre pleinement conscience de celui-ci au sein d'une situation analytique neutre, mais je pense que se focaliser exclusivement sur les résistances narcissiques du seul point de vue des conflits libidinaux aboutit à méconnaître presque totalement les vicissitudes de l'agressivité chez ces patients, gêne l'interprétation systématique des fonctions défensives du soi grandiose. A mon avis, il faut interpréter systématiquement, à la fois l'idéalisation primitive et le contrôle omnipotent de l'analyste ; le patient doit prendre conscience, dans une atmosphère évidemment non critique, de son besoin de dévaloriser et de déprécier l'analyste comme objet indépendant afin de se protéger d'une réactivation de la rage et de l'envie orale sous-jacentes et par conséquent de la crainte de retaliation de la part de l'analyste. La crainte de retaliation (dérivée des projections sadiques activées par des frustrations réelles ou fantasmatiques qu'il a suscitées), et la crainte de culpabilité (parce que le patient attaque l'analyste comme objet primitif qui donne quelque chose) sont les principaux motifs contre lesquels les résistances narcissiques ont été érigées. Il faut les explorer et les interpréter systématiquement avant que le transfert ne prenne [287] les habituelles caractéristiques des névroses de transfert. Les efforts des patients pour conserver leur soi grandiose et pour éviter de reconnaître que l'analyste est une personne indépendante, autonome, révèlent l'importance de la défense contre l'envie intense, contre la relation redoutable à une image maternelle haïe, perçue de façon sadique, et contre leur crainte d'un sentiment de solitude et de vide dans un monde privé de signification personnelle.

Au cours de ce travail, sous les « désappointements » remémorés ou redécouverts et qui proviennent des parents, émergent souvent les dévalorisations des images parentales et des parents réels, qui ont pris place dans le passé afin d'éviter d'entrer en conflit avec eux. Chez les patients en analyse, les désappointements ne révèlent pas seulement des frustrations fantasmatiques - ou réelles - dans le transfert, elles révèlent aussi de façon dramatique la dévalorisation complète de l'objet transférentiel pour la plus minime des raisons et par là, la nature intense, accablante de l'agressivité contre l'objet. La rage directe, provoquée par les frustrations est une réponse infiniment plus normale quoique exagérée. En plus, la conséquence de l'alternative « soit vous êtes comme je le veux, soit vous cessez d'exister » est aussi l'acting-out du besoin inconscient de contrôle omnipotent de l'objet et reflète des défenses contre l'agressivité. Les « réactions de désappointements » dans ces cas traduisent aussi bien l'agressivité que des tensions libidinales et de façon plus immédiate une protection contre l'activation des conflits agressifs oraux. Le transfert narcissique, en d'autres termes, active d'abord les anciennes défenses contre des relations plus profondes avec les parents et seulement ensuite les anciennes et véritables relations à ceux-ci. Comme c'est le cas pour de nombreux patients limites, les parents avaient réellement déçus le patient mais sur des points ou d'une manière que le patient narcissique n'a habituellement pas suspectée et qui ne deviennent clairs que dans la dernière partie du traitement. En résumé, les désappointements dus à l'analyste, son idéalisation irréaliste qui masque le refus du patient de reconnaître que l'analyste est un objet indépendant, et les motifs complexes du retrait narcissique doivent être soigneusement explorés pour retrouver sous-jacents le mépris et la dévalorisation. C'est là une différence frappante [288] avec les modalités techniques de l'analyse des réactions narcissiques infantiles qu'on retrouve dans les autres types de pathologie.

Un problème technique crucial avec ces patients est de pouvoir se centrer sur ce qu'ils possèdent encore de capacité d'amour, d'investissement objectal et sur le côté réaliste de l'appréciation qu'ils peuvent avoir des efforts de l'analyste pour les aider à ne pas mésinterpréter la focalisation sur le transfert négatif comme une conviction chez l'analyste qu'ils sont « totalement mauvais ». L'analyste doit donc se centrer à la fois sur le transfert positif et négatif. A cet égard, Kohut me cite, disant que les déformations du moi « requièrent des mesures éducatives temporaires » (10, p. 189), ce qui constitue une méprise sur mon point de vue. L'analyste doit certainement éviter des mesures éducatives ou une attitude moralisante. Je pense que la meilleure manière d'y parvenir, c'est en analysant les motifs qui déterminent les défenses narcissiques, y compris l'activation du soi grandiose. Une des principales raisons pour laquelle ces patients ne peuvent tolérer de faire face à leurs sentiments de haine et d'envie, est qu'ils redoutent que ces sentiments détruisent les analystes, détruisent leur espoir en une bonne relation et anéantissent leur espoir d'être aidé. Plus profondément, ces patients craignent que leur agressivité non seulement détruise l'objet qui aime et qui donne, mais aussi leur propre capacité à donner et à recevoir l'amour. Les patients narcissiques essaient aussi, en déniant la réalité de leurs relations affectives à l'analyste, de dénier le danger de leur destructivité et de préserver l'illusion d'être capable de « tout reprendre à zéro ». On peut observer ceci chez certains patients qui ont des relations sexuelles narcissiques et tumultueuses. Une des fonctions de ces relations tumultueuses est de préserver l'espoir en une meilleure relation avec de nouveaux objets, et de protéger de la destruction les objets des impulsions sexuelles du patient. Souvent, négliger d'interpréter les aspects négatifs du transfert, peut accroître la crainte qu'a le patient de son agressivité et de sa destructivité et intensifier le besoin d'activer les résistances narcissiques. La technique optimale de résolution des résistances narcissiques consiste donc à interpréter à la fois les aspects négatifs et positifs du transfert plutôt que de se centrer exclusivement sur les éléments libidinaux [289] ou de croire à tort qu'une interprétation des résistances négatives latentes signifie un centrage exclusif sur l'agressivité.

Il est important de garder à l'esprit que, sauf dans les cas des personnalités narcissiques les plus perturbées, certaines fonctions du moi normales sont conservées et certains aspects réalistes du concept de soi continuent d'exister, à côté du soi grandiose. Ceci bien sûr constitue la base de l'établissement d'une alliance thérapeutique, la possibilité d'écouter réellement l'analyste, et de s'identifier à lui lorsque le patient réfléchit sur lui-même. On peut reconnaître, préserver et élargir ces aspects normaux du soi en se centrant sur la tendance du patient à cliver ou dévaloriser ces fonctions en lui-même. Le désir réaliste de maintenir avec l'analyste une bonne relation et d'en être aidé, est le point de départ, peut-on dire, de la récupération d'une dépendance et d'une évaluation de soi infantile puis mature normale. Puisque les résistances narcissiques contre une pleine prise de conscience de la rage et du mépris sous-jacents sont aussi au service d'une préservation de la bonne relation à l'analyste, l'interprétation de cette double fonction des résistances narcissiques peut grandement aider le patient à faire face à son mépris et à son envie qui se trouvent clivés. Une interprétation qui ne soit pas une critique des aspects négatifs du transfert peut aider à réduire la crainte chez le patient de sa propre destructivité et ses doutes quant à sa bonté.

Il y a toutefois des cas où les résistances narcissiques ne peuvent être perlaborées, et le patient après de longues périodes d'impasse, préfère arrêter le traitement, ou encore l'analyste a le sentiment qu'il ne peut plus l'aider. Dans ces conditions, le passage à une thérapie de soutien, qui est, à mon avis, implicite (quoique non intentionnelle) dans la technique de Kohut, peut être utile. C'est particulièrement vrai pour les patients qui ont une adaptation sociale assez bonne, qui consultent pour un symptôme qui s'améliore au cours de l'analyse avant que leurs résistances narcissiques de base aient été perlaborées ; et pour les cas où les bénéfices secondaires, en particulier d'importantes gratifications narcissiques liées à la structure pathologique, œuvrent contre la nature pénible du travail analytique. Il y a aussi des patients avec d'intenses réactions thérapeutiques négatives qui n'acceptent une certaine amélioration que s'ils peuvent en même temps vaincre l'analyste [290] ainsi que son objectif de susciter un changement ultérieur. Souvent dans ces cas le traitement doit évoluer en un soutien tolérant de la constellation narcissique tout en préparant la fin de la thérapie.

Il y a cependant une différence dramatique entre les changements obtenus dans ces conditions et les changements obtenus lorsque le narcissisme pathologique a été systématiquement perlaboré. Lorsque le narcissisme pathologique ne peut être perlaboré et que l'analyse évolue en une thérapie de soutien, il y a habituellement une amélioration notable du comportement social du patient. Sa meilleure compréhension des autres et de ses relations humaines améliore ses relations avec lui-même et avec autrui. Les ambitions du patient deviennent plus réalistes, les moyens d'y parvenir plus en harmonie avec sa vie et ses buts sociaux, et les sentiments d'ennui et d'inquiétude si typiques des personnalités narcissiques sont habituellement mieux tolérés. Cependant il persiste habituellement un manque de capacité à éprouver une empathie profonde pour les autres et un manque de capacité à développer des relation d'amour. Dans leur travail, ils poursuivent souvent un intérêt particulier ou investissent un domaine étroit - qu'il s'agisse du travail, de leur profession, d'étude, de loisirs ou de collections - là où le patient obtient un sentiment de contrôle, de supériorité tout en s'isolant du domaine plus vaste dont cet intérêt particulier fait partie.

Paradoxalement, les personnalités narcissiques lorsqu'elles fonctionnent de façon plutôt médiocre sur un niveau limite manifeste, qui ont commencé une thérapie de soutien, peuvent parvenir à une meilleure amélioration, que des patients qui, au départ, fonctionnaient de manière plus efficace, étaient plus intelligents, créatifs ou ambitieux. Les sentiments permanents de vide, l'aspect « envahissant » des intérêts et des ambitions qu'on observe chez les personnalités narcissiques qui fonctionnent sur ce niveau limite, leur donnent une plus grande envie d'établir un mode de vie ou un style conventionnel et parfois hyper-conventionnel à la place de leurs anciennes ambitions et flamboyances, avec la gratification de voir leur vie et leurs besoins immédiats stabilisés et contrôlés. A l'opposé, les personnalités narcissiques qui étaient douées et brillantes, quand elles ont entrepris [291] un traitement psychanalytique qui n'a pas résolu leur structure narcissique, tendent à ressentir une plus grande insatisfaction de leur vie et d'eux-mêmes. Alors qu'ils ne peuvent plus s'en tenir à leurs anciens sentiments de grandeur, ils ne peuvent accepter la nature « médiocre » de leur vie quotidienne.

L'observation d'anciens candidats analystes (qu'ils aient été ou non acceptés) qui ont entrepris une analyse où les résistances narcissiques n'ont pas été systématiquement ni analysées ni résolues (habituellement parce que les tendances transférentielles négatives n'ont pas été complètement explorées) donne une bonne illustration de ces développements. On trouve en particulier parmi ce groupe le tableau suivant : un désappointement progressif dans le travail psychothérapique intense, un sentiment d'ennui quand on envisage la perspective d'un travail prolongé avec un patient pendant plusieurs mois ou années, et des rationnalisations sur cette perte d'intérêt pour le travail clinique sous la forme de critique de la théorie ou de la technique psychanalytique. Fréquemment ces anciens candidats - ou analystes - s'aventurent dans de nouvelles méthodes de traitement, particulièrement celles qui promettent de provoquer une activation immédiate des réactions affectives ou de la régression. Ils se sentent plus à l'aise avec des méthodes qui permettent une « communion instantanée » d'aspect non différencié, plutôt qu'une élaboration longue, complexe d'une relation humaine en profondeur. Des thérapeutes doués et intelligents qui ont cet ensemble de traits, peuvent se montrer très sensibles à propos de « petits problèmes difficiles » du traitement mais perdent de vue l'ensemble de la constellation affective qui traduit ce qui se passe entre eux et le patient. Il est intéressant d'observer comment dans la formation post-analytique, ces patients qui ont une personnalité narcissique et n'ont pas entrepris une perlaboration systématique de leurs résistances narcissiques, continuent un certain temps, d'idéaliser leur analyste puis progressivement y deviennent complètement indifférents. Rétrospectivement, ils évaluent l'analyse comme une expérience très utile mais où ils n'ont rien appris de nouveau sur eux-mêmes.

Le cas suivant illustre la pression du patient pour interrompre de façon prématurée le traitement et le passage à une thérapie de soutien. Ce patient, un homme d'affaires d'une quarantaine d'années avec une structure narcissique typique [292], vint en analyse pour homosexualité. Pendant quatre ans, il s'améliora au point que ses impulsions et passages à l'acte homosexuel disparurent et que son adaptation d'ensemble à sa vie familiale et à son travail s'améliorèrent notablement. Il sentit qu'il avait atteint le but principal pour lequel il avait entrepris le traitement et était satisfait de sa vie actuelle en dépit d'une sensation persistante d'ennui, de difficultés à éprouver de l'empathie pour autrui, et d'une conscience de ses limites à se soucier d'autrui. Les conflits permanents que provoquait son envie avaient diminué, en partie parce que ses désirs de richesse et de prestige avaient été satisfaits. Après une longue période où il s'opposa à tous les efforts interprétatifs en déclarant qu'il avait obtenu tout ce qu'il attendait de la psychanalyse, nous fûmes finalement d'accord pour en considérer la fin. Dans les six mois précédant cette fin et après qu'on en eut fixé la date, sa principale crainte était que je fus en colère, déçu par cette décision. A un niveau plus profond, il sentait que cette fin représentait sa fuite d'une mère-analyste, perfectionniste, jamais satisfaite. A ce moment, je me centrais sur la crainte du patient que je le rejette sans persister dans mes tentatives précédentes d'analyser les conflits sous-jacents (principalement sa crainte paranoïde que je l'attaque ou le trahisse comme une mère primitive sadique et captatrice). Je lui fis d'ailleurs remarquer qu'il craignait que je considère qu'il refusait de façon sadique tout mon travail analytique ultérieur et lui fis remarquer qu'il m'attribuait là le type de suspicion que lui-même avait auparavant éprouvé à mon égard. J'explorais aussi avec lui sa crainte que je ne le reconnaisse pas comme une personne dans son droit s'il ne se montrait pas à la hauteur de certaines normes parfaites qui traduisaient la projection sur moi de ses propres aspirations tout à fait irréalistes de perfection que nous avions déjà explorées dans le passé. Au cours de ce processus, l'expérience que le patient fit de moi, personne idéalisée qui pouvait l'accepter tel qu'il était, avec ses droits, lui fournit une source importante de soutien. Elle l'aida à atténuer ses propres aspirations narcissiques et à parvenir à une amélioration dans ses relations aussi bien avec lui-même qu'avec sa famille. Ce patient n'a pas éprouvé une pleine réaction de deuil lors de la dernière partie de l'analyse ni, comme je l'appris quelques années après, ressenti cette période de deuil une fois l'analyse terminée [293]. Son amélioration symptomatique persista ; il accepta progressivement la limitation de sa vie affective intérieure. Ce cas illustre donc combien la protection des défenses narcissiques dans le cadre des processus de fin du traitement, peut être utile lorsqu'on ne peut parvenir à une résolution complète du narcissisme pathologique. Toutefois, si c'est possible, on essaiera de résoudre cette pathologie grave afin d'obtenir un changement fondamental dans la relation interne du patient avec lui-même et avec les autres - le passage d'un narcissisme et de relations d'objet pathologiques à un narcissisme et des relations d'objet normaux.

Les exemples suivants illustrent les divers aspects des transferts narcissiques.

Exemple 1. Quand je lui appris que je ne pourrai pas le voir à l'une des séances de la semaine suivante, le patient réagit avec colère, se sentit distant et vide pendant la séance et se retira dans le récit monotone et sans lien des pensées qui lui traversaient l'esprit. L'examen de cette colère montra qu'il était choqué par la brutalité de la nouvelle et par le fait que cela ne s'accordait pas avec ce qu'il considérait être comme un modèle prédictible (soit je lui apprenais personnellement mes absences plusieurs semaines avant, soit ma secrétaire lui apprenait certains événements inattendus tels qu'une maladie). Ce patient ne montrait aucune réaction aux séparations du week-end et pouvait résumer ses séances après une interruption, comme si la dernière séance avait eu lieu la veille. Nous avions exploré en profondeur ses réactions de colère à des frustrations minimes que je provoquais et sa tendance à m'oublier complètement (et ses fantasmes que réellement je cessais d'exister dans l'intervalle des séances) lorsqu'il sentait que je me conduisais d'une manière habituelle et prédictible (par exemple mes commentaires confirmaient ses propres observations et je lui montrais par là que j'en savais sur lui ni plus ni moins qu'il n'en savait lui-même). Au cours de cette séance, ses associations sur sa colère le menèrent à des fantasmes où j'annulais mes rendez-vous parce qu'un de mes enfants était malade et que je voulais être avec lui. Dans ses fantasmes alors, j'avais des enfants particulièrement doués et intéressants. Il spécula sur la manière dont je passais mon temps libre en famille. Dans ses associations [294], il devint clair que j'étais une source possible d'amour et de sollicitude mais que je gardais capricieusement cet amour et cette sollicitude pour les donner à mes enfants dont il se sentait intensément jaloux. Il fut triste, et dit qu'il était assez compréhensible que je préfère mes enfants à cette personne égocentrique et exigeante qu'il était. Sa réaction se changea soudain en sentiment d'ennui, d'avoir été pris à mon piège. Il eut alors le sentiment que j'étais égoïste et exigeant, ne lui demandant de ne venir qu'aux heures qui me convenaient et annulant ses rendez-vous sans aucun égard pour ses besoins. C'était, pensait-il, une manipulation typique de l'analyste de lui avoir fait penser à ses propres motivations alors qu'à l'évidence les torts étaient pour moi. Ses associations se centrèrent sur un autre aspect de ma personnalité qui paraissait confirmer à ses yeux que j'étais égocentrique, manipulateur et qu'en fait je ne me souciais pas du tout de lui. J'avais simplement annulé ses séances pour ne pas avoir à modifier mes projets.

Ce que je désire noter c'est la soudaineté des changements dans les relations que ce patient avait avec moi : à l'opposé des nombreuses séances dominées par un contrôle narcissique « tranquille », il présenta une brève période d'intense réaction accompagnée de changement d'affects. Sa réaction illustre l'utilisation de défense narcissique contre ses sentiments de rejet par une mère hypocrite et contre ses sentiments de culpabilité et d'indignité pour ce qu'il considérait comme ses exigences excessives à l'égard de sa mère. Sa réaction illustre aussi la projection de son exigence et de son égocentrisme sur celle-ci et le désappointement, la dévalorisation secondaire de cette image maternelle dans le transfert rétablissant ainsi la balance narcissique.

Il était tout à fait évident que, dans ce cas, sa mère était réellement très égocentrique. Elle cherchait en permanence à le manipuler par des sentiments de culpabilité ; mais ses sentiments d'abandon et d'indignité étaient intolérables parce qu'ils étaient basés sur la culpabilité déclenchée par la colère à l'égard de sa mère, et par la projection sur celle-ci de ses propres sentiments de colère et de revanche.

Dans ce cas, le sentiment de tristesse reflétait une prise de conscience temporaire de sa colère, de sa conduite exigeante à mon égard et à l'égard de sa mère en dernier ressort. Cependant, par cette tristesse, il reconnaissait aussi que malgré la frustration que je venais juste de lui faire subir, j'étais aussi la personne qui pouvait lui donner amour et sollicitude. Il s'attristait aussi à la pensée [295] qu'il ne pouvait en réponse rendre cet amour ni à moi, ni par conséquent à son image maternelle. Je fis remarquer au patient que l'une des raisons pour lesquelles il sentait qu'il était si difficile de tolérer sa colère, sa sollicitude et son attente d'une bonne relation avec son analyste (mère) était son désespoir d'être mauvais, comme si ses fantasmes et ses sentiments agressifs pouvaient supprimer ou détruire son droit à espérer une relation d'amour et sa confiance dans sa capacité à donner. De nouveau, cette interprétation systématique des réactions transférentielles positives et négatives dont il se protégeait par les résistances narcissiques pathologiques, permit d'intégrer l'amour et la haine, puis en dernier ressort les images de soi et d'objet contradictoires, clivées qui font partie de l'organisation primitive de ces patients.

Exemple 2. Une étudiante d'une vingtaine d'années, était furieuse parce que je devais partir pendant une semaine. Elle exprimait avec rage son désappointement de ce qu'elle ressentait comme une grossièreté et une négligence de ma part. Elle menaçait d'interrompre le traitement, me rendait responsable de tout ce qui pourrait lui arriver pendant mon absence. J'interprétais sa colère de la quitter et la projection sur moi de cette colère de telle sorte que mon départ prenait des qualités sadiques et dangereuses. Je lui fis aussi remarquer, parce qu'elle se mettait très en colère à mon égard, qu'elle me dévalorisait complètement non seulement sur le plan professionnel, mais aussi, dans la mesure du possible, extirpait d'elle l'image intériorisée de moi-même, si bien qu'il ne restait rien sinon un morne vide. Ainsi mon départ devenait encore plus terrible. Dans de précédentes séances, elle avait exprimé des fantasmes où je partais faire un voyage professionnel pendant lequel j'allais me vanter de mes succés professionnels ; elle avait imaginé que mon voyage était une série de festins où je commençais par proclamer ma grandeur, qui se poursuivait par d'énormes banquets au cours desquels je dévorais avec avidité les plats raffinés qu'on sert habituellement aux hôtes de marque. Ces fantasmes, qu'elle exprimait dans un contexte de rage intense, alternaient avec des périodes de mépris serein où la patiente paraissait complètement indifférente et lasse. Je lui rappelais alors ses fantasmes et suggérais qu'un des rôles de cette rage intense était de supprimer cette source d'éternelle envie que je représentais pour elle. A ce moment, toujours en colère mais plus réfléchie, elle s'exclama que ce qu'elle enviait réellement, c'était que je puisse me satisfaire moi-même, que je ne m'écroule point sous les sentiments de culpabilité qu'elle essayait de susciter en moi et que je puisse tolérer des sentiments de culpabilité sans perdre la détermination à faire ce que j'avais décidé de faire [296]. Cette même patiente déclara à d'autres moments où elle envisageait à nouveau l'interruption de son traitement, que, quoiqu'elle sache la nécessité de poursuivre le traitement, l'idée de pouvoir me dérober le succès du traitement, rendrait pendant longtemps sa vie plus agréable sans avoir besoin de poursuivre ce traitement.

Exemple 3. Un autre patient, après des mois d'apparent détachement, donna de nombreux signes d'un besoin de réassurance contre une envie terrible. C'était un jeune professeur qui continuellement comparait les diplômes de toutes les autres personnes aux siens, et sans arrêt se rassurait de la satisfaction d'en avoir obtenu bien plus que n'importe qui au même âge. Il calculait la relation entre le niveau des revenus et l'âge de ses amis, la taille des maisons et l'âge du propriétaire, le nombre de titres et de publications des autres collègues par rapport à ceux qu'il avait eu au même âge, etc... Bien qu'il envisagea de façon intellectuelle que son indifférence totale à mon égard puisse avoir peut-être un rapport avec une crainte de développer la même réaction par rapport à moi, et que se sentant supérieur, il suscite ma haine et mon envie, il lui fallut de nombreux mois jusqu'à ce que cela devienne une réalité sur le plan affectif. A un certain moment, il put prendre conscience d'une façon humiliante et douloureuse que le fait de ressentir ce besoin qu'il avait de moi, l'entraînait à m'envier à cause même de ce besoin. Si en réalité j'avais entrepris de lui offrir ce qui lui manquait, chaque confirmation de ce manque aurait provoqué une blessure d'envie.

Exemple 4. Un autre patient, un industriel d'environ 35 ans, vint en analyse avec l'espoir qu'on pourrait « l'endormir » dans un état de satisfaction sur lui-même et lui donner un système facile de valeurs et de principes pour guider sa vie quotidienne et remplacer son habituel sentiment d'incertitude, de futilité et ses sentiments d'« être artificiel ». Il n'avait plus aucune foi dans la religion malgré d'énergiques efforts les années précédentes à trouver, en s'engageant à fond dans la religion, une aide magique ; il était parfaitement conscient de ces efforts pour remplacer cette recherche religieuse par la psychanalyse. Au début de son analyse, il me considéra comme un grand prêtre de la psychanalyse, rigide, dogmatique mais profondément convaincu, [297] une idéalisation ambivalente qui s'avéra protéger une autre vision de moi : un hypocrite, un homme qui accomplissait des rituels vides pour se remplir les poches - en un mot un « être artificiel » comme le patient se considérait lui-même. Le fait qu'il n'avait que trois manières de me percevoir, le frappa beaucoup : soit j'étais un « laveur de cerveaux » convaincu, dogmatique, arbitraire, qui le contraignait de façon sadique à se soumettre aux dogmes psychanalytiques ; soit un manipulateur cynique qui l'exploitait sur le plan financier ; soit, bien pire, un fou incapable qui croyait en une théorie ou une méthode artificielle telle que la psychanalyse. Il fallut des mois pour que le patient devienne conscient que dans ces trois alternatives, il avait exclu la possibilité que moi, comme psychanalyste, je pouvais poséder quelque chose de concret, de vrai à offrir et que mes convictions reflétaient la conscience de ce fait. Ce patient insistait pour acquérir les instruments « magiques » de la psychanalyse afin de parvenir au bonheur plutôt que d'entreprendre un travail réaliste en collaboration avec l'analyste, en partie parce qu'il craignait beaucoup son envie impulsive. A un certain moment, il prit conscience de son habitude d'explorer rapidement mon bureau du regard au début des séances pour être sûr que chaque chose était à la bonne place. Il avait peur en fait que de nouveaux objets, papiers ou livres apparaissent sur mon bureau et indiquent de nouvelles acquisitions ou cadeaux que j'avais reçus ; c'était avec un grand sentiment de soulagement que le patient se rassurait : il n'y avait rien de neuf qui pourrait le bouleverser. Il prit aussi conscience que, au moment où il découvrait de nouvelles acquisitions dans mon bureau, il se trouvait envahi par la pensée que j'étais un juif, que les juifs étaient extrêmement radins et voraces, que ces nouveaux biens confirmaient que j'appartenais à une race vidée, d'affamés et d'exploiteurs. Le patient craignait beaucoup d'explorer ses fantasmes, croyant que mon estime de soi s'écroulerait sous ses attaques « empoisonnées » et qu'ainsi il ne pourrait obtenir ni aide ni soulagement dans l'analyse. Une interprétation systématique de la crainte de sa propre agressivité, et une reconnaissance implicite du désir qu'avait le patient de me préserver en tant que personne intacte et secourable dans le transfert, ce qui était une partie de sa réaction globale, permit de découvrir progressivement des conflits organisés autour du mépris, de la cupidité, et de la haine, contre quoi s'étaient érigées les défenses narcissiques.

E. *CONTRE-TRANSFERT ET MODIFICATIONS THÉRAPEUTIQUES DES RESISTANCES NARCISSIQUES*

Kohut suggère que les perturbations narcissiques non résolues chez l'analyste [298] peuvent provoquer un malaise à être idéalisé et une tendance subtile à rejeter l'idéalisation du patient (10, pp. 275-76). Bien qu'il me paraisse évident que des conflits narcissiques non résolus chez l'analyste, puissent susciter en lui des réactions pathologiques à l'idéalisation du patient, il me semble aussi qu'ils peuvent favoriser une acceptation excessive tout autant que le rejet de l'idéalisation du patient. Malheureusement, les analystes qui traitent ces patients acceptent parfois sans critique certains aspects de l'idéalisation du patient. A mon avis, accepter l'admiration constitue un abandon de la position de neutralité de la même manière qu'une « hyperobjectivité » critique. Les patients narcissiques réagissent aussitôt aux interprétations comme si elles étaient des « rejets ». Si l'acceptation de l'admiration du patient équivaut à abandonner la position de neutralité interprétative, l'analyse risque de se trouver enfermée dans une situation que le patient peut facilement interpréter, parfois de façon justifiée, comme une séduction. J'ai été impressionné par la grande habileté, chez certains patients narcissiques, à ressentir les aspects de l'idéalisation de leur analyste qui s'accordent au propre « point faible » narcissique de l'analyste.

Le « malaise de l'analyste » à l'égard de l'idéalisation peut provenir de la qualité particulière de cette idéalisation surtout l'association qu'on y trouve d'un besoin de contrôle, et de ses qualités particulières de « va-et-vient ». En d'autres termes, l'analyste peut ressentir les conséquences transférentielles aussi bien négatives que positives.

Dans mon expérience, le principal problème des réactions contre-transférentielles au patient narcissique, est lié aux efforts répétés de celui-ci à dénier l'existence de l'analyste comme personne indépendante. A cet égard, je suis d'accord avec Kohut lorsqu'il décrit les réactions de l'analyste aux formes primitives du transfert en miroir. Kohut dit que, tandis que l'analyste « peut se sentir opprimé par les exigences absolues quoique silencieuses de la fusion transférentielle visant à faire de lui un esclave - l'absence d'investissements instinctuels objectaux lui rend souvent impossible le maintien d'une attention indéfectible au cours de périodes prolongées » (pp. 10, 288). Mais je ne suis pas d'accord lorsqu'il conclut que le problème est celui de la nature de l'investissement puisqu'il me semble que ce qui est en cause, c'est la tendance inconsciente [299] à contrôler l'analyste, les mécanismes inconscients de dévalorisation, et l'activation de types primitifs de projection liés au soi grandiose.

Une étude attentive du cas de Mlle F. (10, pp. 295 à 308) que donne Kohut pour illustrer les réactions de l'analyste au transfert en miroir, conduit d'elle-même à une interprétation selon les principes que j'ai proposé dans ce travail. A un moment la patiente était capable d'« établir des liens entre la rage qu'elle ressentait à mon endroit quand je ne comprenais pas ses exigences et les sentiments qu'elle avait éprouvé en réaction aux frustrations narcissiques de son enfance ». (10, p. 306). Kohut déclare : « je pus enfin lui dire que sa colère envers moi était basée sur des processus narcissiques, en particulier sur une confusion transférentielle avec la mère déprimée qui avait fait dévier sur elle-même les besoins narcissiques de l'enfant. Ces interprétations furent suivies du rappel de toute une série de souvenirs analogues se rapportant à une phase dépressive de la mère, très préoccupée d'elle-même, au cours de périodes plus tardives de la vie de la patiente » (10, p. 305). A la lumière de l'ensemble des informations données sur ce cas, je poserai la question de savoir jusqu'à quel point en faisant cette interprétation, l'analyste blâme de manière implicite la mère de la patiente pour avoir provoqué sa colère et l'empêche ainsi d'explorer plus complètement les origines complexes de sa propre rage ? De manière plus générale, j'y vois le risque d'une séduction dans l'association d'une acceptation sans problème par l'analyste de l'idéalisation du patient, et du renvoi immédiat à l'objet originel du transfert négatif sans avoir exploré complètement la participation du patient au développement de la rage pathologique dans le cadre de l'ici et maintenant du transfert.

J'ai dit que les efforts subtils et inconscients du patient pour dénier tout sens à la relation analytique (ce qui peut entraîner chez l'analyste un sentiment permanent de frustration, d'impuissance, d'ennui, et d'absence de compréhension) sont bien plus difficiles à tolérer pour l'analyste que l'idéalisation primitive non réaliste qui, par sa nature, alerte l'analyste sur les fonctions narcissiques de cette idéalisation. Bien qu'il soit vrai que les analystes qui n'ont pas résolu leurs conflits narcissiques concernant leur propre narcissisme, puissent réagir par l'angoisse ou le rejet, ou par une acceptation sans critique de l'idéalisation du patient, [300] le principal danger est le rejet interne du patient par l'analyste parce que le patient dévalorise constamment l'analyste. L'analyste ressent parfois que c'est comme si les patients étaient en train de le convaincre que la vie intérieure est une chose qui n'existe pas, que les méthodes psychologiques sont incompréhensibles et ne signifient rien, et que le patient, de même que toute la thérapie, a un aspect étrange, mécanique, sans vie. A d'autres moments l'analyste peut avoir un sentiment de compréhension mais aussi de paralysie complète comme s'il était incapable de décider quand ou comment intervenir ou comme s'il ne trouvait plus en lui les liens affectifs parmi les différents aspects du matériel. Parfois l'analyste est très tenté de juste s'asseoir et de laisser les choses aller, espérant qu'il trouvera une voie pour parvenir ensuite à une compréhension intuitive du patient. Si à ce moment, alerté par ce processus, l'analyste peut saisir dans les manifestation verbales ou non verbales du patient une preuve objective où l'analyste est menacé de non existence, des changements immédiats peuvent apparaître dans le transfert qui rendent la relation analytique de nouveau vivante. Le sentiment d'une plate monotonie dans la thérapie peut provenir d'aspects tout à fait spécifiques des associations du patient et du comportement non verbal qu'il faut reconnaître et interpréter.

Lors d'une séance au milieu de son analyse, je fis remarquer à un patient narcissique que j'étais dans l'embarras parce qu'il semblait parler de souvenirs importants de son passé d'un ton tellement monotone et assourdi qu'il m'était difficile de le suivre. Il paraissait y avoir là une contradiction évidente entre ce qu'il me disait et la manière dont il le disait. D'abord le patient sursauta, et après que j'eus fini de parler, il dit qu'il n'avait pas pu écouter attentivement ce que j'étais en train de dire, mais que tout à coup il avait pris conscience de ma présence. En réponse à ma proposition d'associer sur ce sursaut brutal, le patient prit conscience qu'il s'était senti très à l'aise en explorant son passé, sentant que de laisser ainsi ses pensées aller dans toutes les directions pourrait les projeter, dans un large espace - une sorte de monde ouvert et accueillant qui ordonnerait et lui ramènerait automatiquement à l'esprit tout ce qu'il venait d'exprimer, avec la compréhension claire de ce que cela signifiait et de la manière dont cela pourrait augmenter la richesse affective de son expérience. [301] Le patient fut ennuyé par mon intrusion ; il eut le fantasme que je pourrais me sentir frustré et incompétent parce qu'il faisait son travail analytique tout seul. Plus tard dans la séance, il dit en souriant, qu'il n'avait peut-être pas été capable de faire attention à ce que j'avais dit parce que, si j'avais vraiment quelque chose à ajouter qui puisse provoquer un changement, cela interromprait brutalement son sentiment de pouvoir le faire tout seul.

Progressivement, au cours de la perlaboration des résistances narcissiques, l'analyste ressentira des changements dans cette sensation d'être dans une impasse paralysante, changements tels qu'une conscience aiguë d'affects fugitifs de solitude, ou de crainte de perte de signification ou d'amour, ou des craintes d'attaque ou de rejet des autres, sentiment chez l'analyste qui reflètent les images de soi et d'objet dissociées, refoulées et/ou projetées, images qui deviennent vivantes dans le transfert. Ces « flashs » régressifs d'une expérience affective, ou le changement progressif dans la réaction de l'analyste aux efforts du patient à dénier toute signification affective aux séances, sont un témoin utile de la perlaboration des résistances narcissiques. Parfois, le sentiment soudain de « s'éveiller » à des aspects du matériel qui auparavant n'avaient aucun sens, indiquera un changement dans l'équilibre transfert-contretransfert. Tant qu'un patient acceptera facilement toute sorte d'explication intellectuelle qu'il pourra « apprendre » et absorber dans son « autoanalyse », il acceptera toutes les interprétations de l'analyste ; toutefois une remarque de l'analyste sur ces fugitifs états d'humeur, qu'il perçoit soit en fonction de ce que lui communique le patient soit grâce à sa propre perception affective des images de soi ou des images d'objet du patient activées au cours des séances, sera souvent combattue avec ardeur par le patient et nécessitera une grande vigilance de la part de l'analyste. C'est comme si, à cette étape, l'analyste devenait le dépositaire des images de soi et d'objet plus différenciées du patient, images liées aux expériences affectives d'abandon, de solitude, de frustration, d'impuissance contre lesquelles le patient se défendait. C'est comme si l'analyste était maintenant en train de ressentir cette partie du soi infantile normale du patient que celui-ci n'avait pas pu tolérer et avait dissocié ou refoulé puis remplacé par son soi grandiose pathologique.

[302] A ce stade d'évolution de son analyse, un patient narcissique passa sur un trottoir où on avait jeté un chat crevé manifestement écrasé par un autre véhicule. Il y avait dans la description de ce chat crevé, quelque chose de particulier et dans la manière dont il évoquait le sentiment d'abandon et de misère complète qu'exprimait l'attitude figée de l'animal crevé. Mais avant que j'eus le temps de mieux explorer ce sujet, d'autres problèmes semblèrent en rayer les significations. Quelques jours plus tard, le patient parla d'un chat affamé que ses enfants avaient ramassé ; il évoqua la manière désespérée dont ce chat dévorait la nourriture, toujours prêt à échapper à une attaque ou à d'éventuels coups. Lorsque je lui demandais d'associer là dessus, le patient pensa aux chats dangereux qui erraient dans les rues la nuit et chassaient tous les rivaux en cherchant de la nourriture dans les poubelles ; il passa donc de façon évidente d'un chaton affamé, effrayé, isolé, à un chat puissant, agressif « mauvais ». Ce problème surgit à nouveau dans un bref fantasme d'une nuit obscure et pluvieuse où un chaton isolé avait des difficultés à trouver un abri.

Ce qui est difficile à rapporter dans ce bref exemple, c'est l'isolation de ces descriptions assez spécifiques d'un certain état d'esprit que le patient trouvait très difficile de tolérer en lui-même. Ce qui prédominait de loin, durant cette étape, c'était chez le patient une affirmation de soi hautaine, son sentiment de puissante supériorité en tant que membre d'un groupe social qui avait des racines solides, profondes et innées dans le pays, contrairement aux personnes qu'il méprisait telles que les étrangers, en particulier les réfugiés traumatisés.

Le transfert était essentiellement narcissique-grandiose, et nous explorions souvent sa tendance à méconnaître ou à oublier mes commentaires, à me traiter comme si je n'existais pas et à s'analyser tout seul. Cependant, maintenant dans ma propre expérience, je passais d'une écoute décousue, d'une incompréhension du matériel qui s'accompagnait d'un manque de profondeur affective, à une expérience étrange de moments occasionnels où je ressentais une profonde empathie avec les descriptions qui étaient isolées et activées de façon fugitive, de son image du petit chat affamé et du chat crevé jeté sur le trottoir. Seulement alors je pus saisir le lien entre l'image du chaton isolé et le réfugié traumatisé. C'était comme si le patient activait quelques sources profondes qui existaient dans mon propre passé, qui entraînaient un sentiment de solitude et d'intense incapacité [303] à exprimer le besoin d'amour et d'abri. Il n'y avait de nouveau au cours des séances avec ce patient, que des expériences fugitives ; il m'était difficile au début de relier ces expériences au matériel.

Toutefois, ces expériences et ces fantasmes, ainsi que les souvenirs de rêve relatifs à mon propre passé ne survenaient que dans les séances avec ce patient. Je découvris peu à peu leur lien avec le matériel fantasmatique particulier du chat qui régulièrement les précédait. Je pus finalement interpréter au patient sa projection sur moi de l'image de lui-même, provenant de sa petite enfance où il se sentait profondément mal aimé. Je reconstruisis avec lui l'environnement familial et physique au sein duquel il avait eu ces expériences, sur la base des différents aspects du « matériel du chat » autant que sur la connaissance que nous avions acquise à ce niveau. Rétrospectivement, le lien entre le matériel fantasmatique du chat et son passé fut assez évident mais je désire noter combien il fut difficile de capter ce matériel directement des associations isolées à une étape de l'analyse où le patient s'engageait dans une dégradation défensive de toute communication significative, et où l'activation des résidus projetés et dissociés du soi infantile véritable survenait en fragments clivés dans le contre-transfert sur des périodes qui s'étendaient sur plusieurs séances.

L'acting-out des réactions contre-transférentielles suscitées par les efforts permanents du patient à contrôler de façon omnipotente l'analyste, peut prendre la forme d'efforts « rééducatifs » de la part de l'analyste, tels que pointer au patient la manière dont il « mine » le processus analytique, dont il fait de « l'association libre, des paroles gratuites », etc... L'analyste peut parfois être tenté de devenir moralisateur, ou de se soucier exclusivement du pronostic au long cours de ce cas, plutôt que d'évaluer la difficulté à être en empathie avec le processus actuel du transfert. Les psychanalystes qui ont d'importants conflits narcissiques non résolus, peuvent au cours des périodes de dévalorisation ennuyeuse du patient réagir en rejetant soudain ces patients narcissiques qu'auparavant ils considéraient comme très intéressants et « enrichissants » (en particulier au moment où la projection du soi grandiose sur l'analyste alimentait les propres besoins narcissiques de celui-ci).

[304] Le point très général que je souhaite à nouveau noter c'est que, sous les résistances narcissiques, il existe des relations d'objet internalisées primitives et importantes qui sont activées dans le transfert et qu'on peut progressivement reconnaître lorsque les résistances narcissiques sont perlaborées. Cette observation clinique constitue, me semble-t-il, une très intéressante illustration de cette proposition théorique : le narcissisme et les relations d'objet vont toujours de pair, comme l'avait bien remarqué Van Der Waals (17).

Ce qui suit est le résumé d'une suite de séquences d'axes transférentiels qui représentent à peu près deux années du stade avancé du traitement d'une personnalité narcissique. Le patient était un architecte connu, d'une quarantaine d'années, membre d'un grand cabinet d'architecture. Le transfert de ce patient s'était maintenu au niveau d'un type de transfert narcissique typique pendant plus de trois ans. Pendant ce temps, une phase précoce d'idéalisation de l'analyste traduisait principalement une formation réactionnelle contre les tendances à la dévalorisation, avec une alternance d'activation du soi grandiose et de la projection de ce soi grandiose sur l'analyste. La perlaboration progressive de cette séquence activa une envie intense et primitive ainsi qu'une compétitivité basée sur l'envie orale (plutôt que sur les conflits œdipiens) avec finalement une expression plus directe d'une ambivalence où le patient passait d'exigences ou de colères orales à un désir de dépendance envers une image père-mère, aimante et protectrice, puis à de vifs sentiments de culpabilité du fait de ses attaques contre l'analyste. Le transfert évolua finalement en une dépendance plus stable a une image paternelle aimante et protectrice. Le patient, après plus de trois ans d'analyse, devint pour la première fois dépendant de l'analyste, avec l'apparition de réactions névrotiques de deuil aux séparations et l'émergence de matériel issu des différents niveaux des conflits de l'enfance. Cette étape fut suivie par une réactivation du retrait affectif, par un vide affectif généralisé au cours des séances qui apparemment semblait répéter le stade précédent de résistance narcissique. Toutefois, il y avait une différence dans la réaction du patient qui paraissait [305] maintenant conserver de manière suspicieuse et mécontente du matériel dans une tentative inconsciente d'endormir l'analyste ou au moins de le laisser dans un état de frustration permanente créé par ces répétitions monotones. Durant ce temps, le patient évoquait souvent les refus sadiques de sa mère. Il prit finalement conscience de son identification à son image maternelle tandis qu'il projetait son propre soi infantile frustré sur l'analyste.

Cette identification à l'agresseur différait du retrait narcissique précédent et l'interprétation de ce nouveau type de transfert provoqua un changement immédiat, c'est-à-dire un approfondissement de la relation de dépendance à l'analyste. Le patient le considérait maintenant comme un père protecteur et aimant, vers qui il pouvait se tourner pour satisfaire ses besoins infantiles de dépendance ; il sentait qu'il pouvait maintenant « s'abandonner » à la situation analytique. Cette expérience nouvelle pour lui, qui influençait sa relation à sa femme et à ses enfants, le surprit et lui fit comprendre leurs besoins de dépendance tout autant qu'approfondir son propre intérêt pour sa famille. Pour la première fois maintenant, le patient prit conscience de l'influence qu'avait eu sur son attitude envers l'analyste, sa conviction fondamentale qu'aucune vraie relation ne surviendrait jamais entre lui et l'analyste. Par exemple, pendant longtemps il nourrit le fantasme qu'une relation amicale quoique distante à son analyste, surviendrait après la fin du traitement, que son analyste tout comme lui, avait la conviction secrète qu'en réalité la relation analytique n'avait rien à voir avec les descriptions d'intenses conflits affectifs qui étaient supposés apparaître pendant ce traitement.

Le patient prit aussi conscience de l'existence d'un monde interne dont il n'avait pas le contrôle conscient et de l'excitation et de la crainte à faire face à ce monde dans la thérapie [2]. Un an après, l'ensemble des conflits œdipiens émergea dans le transfert. L'analyse prit l'aspect des résistances et des manifestations habituelles à ces conflits. [306] En général, au moment d'une exacerbation des résistances, il peut y avoir une réactivation des résistances narcissiques auparavant abandonnées, comme c'est le cas pour d'anciennes défenses de personnalités abandonnées, lors des passages à

2. Il faut noter qu'il fallut plus de trois ans d'une analyse des résistances narcissiques pour provoquer une situation transférentielle où apparurent des traits de personnalité moins perturbés que ceux existant aux étapes précoces du traitement.

de nouvelles lignes de résistance. Toutefois, le contexte dans lequel cette réactivation des défenses narcissiques apparaît, et l'aspect différencié des relations d'objet internalisées liées à ces résistances, confirment les importants changements structurels qui ont pris place chez les patients.

F. *PRONOSTIC DU NARCISSISME TRAITE OU NON TRAITE*

J'ai déjà envisagé les facteurs pronostics dans le traitement analytique (chapitre premier et *). Je me limiterai ici à énumérer brièvement ces facteurs en modifiant ou complétant mes précédentes considérations.

Le bénéfice secondaire de la maladie, tel que dans la vie des circonstances qui apportent d'inhabituelles satisfactions narcissiques à un patient qui présente une structure narcissique de la personnalité et un bon fonctionnement social, peut représenter un obstacle majeur dans la résolution de ces résistances narcissiques. C'est le cas aussi lorsqu'il y a un bénéfice secondaire qui provient du traitement analytique lui-même, par exemple les candidats à une formation analytique qui présentent une personnalité narcissique. La question se pose de savoir si d'inhabituelles satisfactions chez des patients doués, au début de leur vie d'adulte, lorsqu'ils présentent une personnalité narcissique, ne militent pas contre un commencement de traitement, et si une analyse en milieu ou en fin d'âge adulte ne peut pas avoir un meilleur pronostic dans certains cas.

Un autre facteur fondamental du pronostic est l'importance de la réaction thérapeutique négative qui traduit habituellement les conflits particulièrement sévères, refoulés ou

---

* *Les troubles limites de la personnalité, op. cit.*, chapitre 4.

dissociés, organisés autour de l'envie. C'est une réaction thérapeutique négative qui ne provient pas des éléments du surmoi et qui est encore plus sévère que celle qu'on voit chez des patients dépressifs avec des traits masochistes et un surmoi sadique mais intégré. Lorsque le surmoi fonctionne assez bien (ce qui se traduit par une capacité à investir réellement des valeurs qui transcendent les intérêts narcissiques) l'évolution pronostique est bonne, [307] contrairement aux cas où existent des signes minimes d'une conduite manipulatrice ou délinquante, même en l'absence de traits anti-sociaux majeurs (qui bien sûr rendraient le pronostic très mauvais). En termes simples, l'honnêteté dans la vie quotidienne est un témoin de pronostic favorable pour l'analyse des personnalités narcissiques. Comme un bon développement des possibilités de sublimation est intimement lié à la capacité d'investir des systèmes de valeurs qui transcendent les besoins narcissiques, le potentiel à la sublimation du patient est un élément important.

Contrairement à l'extrême importance des facteurs pronostics qu'on vient d'envisager, la tolérance à des réactions de deuil et de dépression et la prédominance d'un potentiel de culpabilité au lieu d'un potentiel de rage paranoïde, dans le transfert, sont beaucoup moins importants. Encore moins importantes sur le plan pronostic, sont les manifestations non spécifiques de faiblesse du moi, manque de contrôle pulsionnel, manque de tolérance à l'angoisse, et même capacité de régression à des processus primaires de pensée, si et lorsque le patient ne fonctionne pas sur un niveau limite manifeste. Ceci nous conduit aux limites de l'approche strictement analytique chez certains patients qui ont une personnalité narcissique, en particulier l'effet désorganisateur que l'analyse peut avoir chez des patients narcissiques qui fonctionnent sur un niveau limite manifeste. Pour de telles personnes, je considère que cette thérapie est habituellement contre-indiquée.

L'estimation pronostique est particulièrement difficile

chez les candidats à une formation analytique qui présentent une structure narcissique de la personnalité. Evidemment le problème ne se pose que pour ces personnalités narcissiques assez bien adaptées, dont le fonctionnement social et professionnel est satisfaisant, qui présentent un niveau élevé d'intelligence, des talents particuliers, et lorsqu'ils paraissent très prometteurs. En revoyant des cas où rétrospectivement, il apparut qu'on avait commis des erreurs, aussi bien en acceptant qu'en refusant certains candidats, les deux facteurs essentiels qui paraissent significatifs sur le plan pronostic sont la qualité des relations d'objet ainsi que l'intégrité et la profondeur des systèmes de valeurs et du fonctionnement du surmoi. Il faut noter à nouveau que j'utilise le concept « qualité des relations d'objet » en me référant à la qualité des relations d'objet internalisées, c'est-à-dire, [308] la profondeur des relations internes du patient à autrui, plutôt que son degré d'engagement dans des interactions sociales. C'est un éclaircissement particulièrement utile lorsqu'on discute le travail de Kohut, parce qu'il a tendance à utiliser le terme « relation d'objet » dans ses significations comportementales plutôt que dans la signification que j'adopte dans ce chapitre. Par exemple, il affirme : « l'antithèse du narcissisme, ce n'est pas la relation objectale mais l'amour objectal. Une profusion de relations objectales, au sens où l'entendrait un observateur du domaine social, peut masquer chez un individu l'expérience narcissique qu'il fait du monde des objets ; l'isolement apparent d'une personne, comme sa solitude, peuvent servir de cadre à une pléthore d'investissements actuels d'objets » (10, p. 239). De même (p. 296) : « la patiente établissait des relations objectales non pas d'abord parce qu'elle se sentait attirée vers les autres mais plutôt comme une tentative d'échapper à ses douloureuses tensions narcissiques ». Selon moi, le narcissisme (investissement dans le soi) et les relations d'objet (investissement dans les objets importants et dans leurs représentations) vont de pair. Leur profondeur dépend non seulement des vicissitudes de l'investissement libidinal, mais, comme on l'a noté dans ce chapitre, tout autant de l'investissement agressif. D'un point de vue pratique, des relations d'objet profondes impliquent une capacité à la fois de bien aimer et de bien haïr, en particulier de tolérer les combinaisons variées de ces sentiments d'amour et de haine, et leur mélange dans une relation avec un même objet et avec le soi. Les relations d'objet normales comme le narcissisme normal, incluent la conception d'une intégration en profondeur des autres et de soi-même. Tout ceci contraste vivement avec la fréquente indifférence, et le non investissement, le manque d'intérêt pour autrui tout comme le manque de conviction en soi, qu'on trouve chez les patients narcissiques. Paradoxalement ce manque de profondeur affective et d'intérêt, peut permettre un meilleur fonctionnement social, par exemple dans certaines organisations politiques ou administratives où une absence d'engagement permet de survivre et d'atteindre le sommet.

Lorsqu'on applique tout ceci au cas particulier des candidats éventuels à une formation analytique, les tentatives systématiques pour évaluer la réalité et la chaleur des autres personnes que ce candidat décrit, et sa profondeur lorsqu'il se décrit lui-même, sont d'importants témoins de la qualité des relations d'objet, outre les aspects plus facilement observables de stabilité, [309] de profondeur, et de richesse des relations aux autres et à lui-même. Il peut être difficile d'évaluer l'importance d'une chaleur et d'une profondeur humaine authentique, mais c'est encore plus important que le degré de l'engagement dans des systèmes de valeurs éthiques, culturelles, intellectuelles ou esthétiques qui représente l'autre témoin de pronostic essentiel. Parfois, un excellent résultat chez des candidats en formation qui, au début, semblaient très incertains, justifie qu'on considère avec soin tous les éléments des cas individuels ; avec l'amélioration de nos techniques thérapeutiques, on peut espérer par la suite une augmentation des bons résultats.

Parce que Kohut, autant que je puisse le dire, n'évoque pas particulièrement les différences de pronostic entre personnalités narcissiques qui fonctionnent à des niveaux différents d'intégration du moi et du surmoi, il donne une vue d'ensemble optimiste. Sur les résultats de sa technique, il affirme : « le changement non spécifique le plus important consiste en une augmentation et une expansion de la capacité d'amour objectale du patient ; les changements spécifiques se produisent dans le domaine du narcissisme lui-même » (10, p. 309). Kohut décrit comme résultat de son approche, l'internalisation de l'imago parental idéalisée (les éléments archaïques de l'imago) dans la structure globale du moi et du surmoi (les éléments pré-œdipiens tardifs et œdipiens de l'imago), ce qui améliore le fonctionnement du surmoi (pp. 301-302). Concernant le soi grandiose, il dit : « le sentiment de grandeur infantile s'intègre progressivement aux ambitions et aux buts du patient, donnant une vigueur accrue aux visées adultes de sa personnalité et lui apportant le support que donne le sentiment d'avoir droit au succès » (p. 312). Selon moi, et sur la base de ce qu'a publié Kohut, son approche aboutit à un meilleur niveau de fonctionnement et à une meilleure adaptation du soi grandiose, par le passage d'un niveau plus primitif à des niveaux plus adaptés des transferts en miroir du patient, sans résoudre au fond ce que je considère comme la structure pathologique du soi grandiose. C'est peut-être bien la raison pour laquelle, dans les découvertes de Kohut, il n'y a pas de relation directe et spécifique entre les changements dans le narcissisme du patient et dans ses relations d'objet. Son approche contient me semble-t-il, [310] même si ce n'est pas dans ses intentions ni dans sa technique, des facteurs de rééducation, qui favorisent une utilisation plus adaptée du sentiment de grandeur du patient. La question majeure, qu'on doit nécessairement laisser en suspens, est de savoir quels sont les effets au long cours de cette approche, et à cet égard, les effets de l'approche de Kohut par rapport à celle que je propose ? Un test essentiel de l'efficacité du traitement des personnalités narcissiques est leur adaptation aux crises ou aux chocs que les étapes ultérieures de leur vie provoqueront inéluctablement. Nous devrons les suivre attentivement pendant longtemps, afin de distinguer les conséquences à court terme du traitement, des conséquences à long terme sur leur personnalité et sur leur fonctionnement intrapsychique et social. Ceci m'amène au dernier problème de ce chapitre, à savoir le pronostic du narcissisme non traité.

Je suis tout à fait d'accord avec Kohut lorsqu'il est convaincu qu'on doit traiter par l'analyse les troubles narcissiques de la personnalité si c'est possible. Même dans les cas qui fonctionnent de manière assez satisfaisante hormis quelques symptômes relativement minimes, où l'association d'une certaine intelligence, de talent, de chance et de succès, fournit des satisfactions suffisantes pour compenser le vide et l'ennui sous-jacents, on gardera à l'esprit les effets dévastateurs que le narcissisme pathologique non résolu a souvent, durant la seconde moitié de la vie. Selon moi, si on peut entreprendre un traitement analytique et le réussir, l'amélioration se traduit par une résolution de leur narcissisme pathologique, le développement du narcissisme infantile et adulte normal au sein d'une relation d'objet normale et profonde, et aboutit souvent à un enrichissement spectaculaire de la vie. A l'opposé, le narcissisme pathologique a des conséquences pronostiques au long cours très fâcheuses, même dans le cas de patients assez jeunes, dont l'adaptation en surface est excellente, qui ont peu conscience de leur maladie ou de leur souffrance. Si nous considérons que, dans le cadre d'une vie ordinaire, la plupart des satisfactions narcissiques surviennent dans l'adolescence et au début de l'âge adulte, que, même si des triomphes ou des satisfactions narcissiques sont encore obtenus à l'âge adulte, l'individu devra finalement faire face aux conflits fondamentaux du vieillissement, des maladies chroniques, de limitations physiques ou psychiques, et par dessus tout, aux séparations, aux pertes, et à la solitude alors nous pouvons conclure que [311] la confrontation finale du soi grandiose à la nature fragile, limitée, et transitoire de la vie humaine est inévitable.

Il est dramatique de voir combien le déni de cette réalité lointaine peut être intense chez les personnalités narcissiques qui sous l'influence du soi grandiose et pathologique sont inconsciemment (et parfois consciemment) convaincus de leur éternelle jeunesse, beauté, pouvoir, richesse, et de la possibilité infinie d'admiration, de sécurité, et de confirmation de tout cela. Pour eux, accepter que s'effondre l'illusion du sentiment de grandeur signifie accepter la conscience dangereuse et persistante du soi dévalorisé, le soi primitif affamé, vide, isolé, entouré d'un monde d'objets dangereux, sadiquement frustrants et revanchards. L'expérience la plus effrayante que les personnalités narcissiques doivent éviter et à laquelle finalement elles ont à faire face, est peut-être celle d'un monde environnant vide d'amour et de contact humain, un monde d'objets déshumanisés, dans lequel les objets animés comme inanimés ont perdu leurs qualités antérieures, de satisfaction magique.

Un patient, un homme politique connu au plan national, avait eu une grave maladie physique qui lui fit perdre ses fonctions. Il se déprima, eut des sentiments profonds de défaite et d'humiliation accompagnés de fantasmes que ses adversaires politiques se régalaient avec satisfaction de sa défaite. Sa dépression s'atténua. Il s'enferma dans une retraite, tandis qu'il dévalorisait peu à peu les domaines des sciences politiques où jadis il était expert. C'était une dévalorisation narcissique des domaines où il n'obtenait plus de triomphe, qui provoqua une perte globale d'intérêt pour tous les problèmes professionnels, culturels ou intellectuels. Ces anciens intérêts professionnels et intellectuels ne paraissaient plus excitants. Ils lui rappelaient sans arrêt son échec. Il était plein de ressentiment parce qu'il dépendait de sa femme et de ses enfants qu'auparavant il ignorait lorsqu'il donnait toute son énergie à sa vie professionnelle. Il avait peur que sa famille le dévalorise, ce qui le poussait à des demandes toujours plus grandes de réassurance et de respect. Envieu des succès professionnels de ses enfants et incapable de retirer une satisfaction de ces succès grâce à une identification empathique à ses enfants, il en ressentit un sentiment accru d'éloignement qui finalement aboutit [312] à la réapparition d'une nouvelle dépression sévère et durable, avec au premier plan une rage impuissante plutôt que de réels processus de deuil.

La sensation effrayante de futilité et de vide, la panique devant la désintégration de la signification personnelle de l'environnement de chaque être, ce que met si spectaculairement en scène les pièces de Samuel Beckett et chez Eugène Ionesco des pièces telles que *Les chaises* ou *Le roi se meurt* illustrent, me semble-t-il, les effets dévastateurs des conflits de la vieillesse chez des personnes qui ont une personnalité narcissique. La réaction normale aux pertes, abandon et échec est une réactivation des sources internalisées d'amour et d'estime de soi, intimement liées aux relations d'objet internalisées. Elle reflète la fonction protectrice de ce qu'on appelle « les bons objets internes ». Une régression au service du moi prend souvent la forme d'une régression à ces relations d'objet internalisées réactivées, de nature protectrice, une régression qui finalement réactive, renforce, et élargit la capacité du patient à avoir des relations significatives avec les autres, et avec les valeurs humaines et éthiques en général. La capacité à perlaborer les processus de deuil, à tomber amoureux, à ressentir de l'empathie et une profonde satisfaction en s'identifiant à des personnes aimées ou à des valeurs, un vécu de transcendance à la nature, de continuation dans le cours de l'histoire, et d'union à un groupe socio-culturel, tout ceci est intimement lié à l'activation normale de relations d'objet internalisées lors de perte, d'échec ou de solitude.

Ceci contraste vivement avec le cercle vicieux déclenché par une perte narcissique dans le cadre des personnalités narcissiques où la dévalorisation défensive, l'envie primitive, et la panique devant la réactivation du sentiment d'appauvrissement, compliquent ensuite la perte et l'échec narcissique. Ceci devient particulièrement évident dans l'incapacité du patient narcissique à se faire à l'idée de vieillir, à accepter le fait qu'une génération plus jeune possède maintenant un grand nombre de ces satisfactions auparavant chères de beauté, de richesse, de puissance et en particulier de créativité. Etre capable de jouir de la vie dans un processus entraînant une identification croissante au bonheur et aux réussites des autres personnes, dépasse de manière tragique les possibilités des personnalités narcissiques. Par conséquent, un traitement qui peut changer de façon radicale le narcissisme pathologique, peut révéler ses ultimes effets sur toute l'étendue de la vie qui reste au patient.

[313] L'étude clinique des personnalités narcissiques montre que la relation de l'individu à lui-même, à son monde environnant humain et inanimé, dépend du développement des relations d'objet internalisées normales ou pathologiques. La perte du monde d'objet interne, aimant et aimé provoque la perte de la signification du soi et du monde. La dépression psychotique représente, de diverses manières, l'étape terrifiante d'une prise de conscience de la perte d'amour et de signification contre quoi les personnalités narcissiques doivent se défendre. Une dispersion affective schizoïde ou une réorganisation paranoïde - non nécessairement psychotique - du monde constitue l'alternative qui protège ces patients contre le néant de la dépression, mais au prix d'une déshumanisation et d'un vide supplémentaire. Par conséquent, et en dépit du nombre limité de patients que nous pouvons aider et de la longueur des analyses que nécessitent ces cas, cela vaut la peine d'investir beaucoup d'efforts dans le traitement de ce qui souvent en surface paraît être, de façon trompeuse, une personne presque « normale ».

BIBLIOGRAPHY

1. Abraham, K. (1919). A particular form of neurotic resistance against the psychoanalytic method. *Selected Papers.* London: Hogarth Press, 1927.
2. Jacobson, E. (1954). Contribution to the metapsychology of psychotic identifications. *J. Am. Psychoanal. Ass.* 2, 239–262.
3. ———, (1964). *The Self and the Object World.* New York: Int. Univ. Press.
4. Kernberg, O. (1970). A psychoanalytic classification of character pathology. *J. Am. Psychoanal. Ass.* 18, 800–822.
5. ———, (1971). New developments in psychoanalytic object-relations theory. Parts I and III: Normal and pathological development. (Paper read to the American Psychoanalytic Association.) (Unpublished)
6. ———, (1972). Early ego integration and object relations. *Ann. N. Y. Acad. Sci.* 193, 233–247.
7. Kernberg, P. (1971). The course of the analysis of a narcissistic personality with hysterical and compulsive features. *J. Am. Psychoanal. Ass.* 19, 451–471.
8. Kohut, H. (1966). Forms and transformations of narcissism. *J. Am. Psychoanal. Ass.* 14, 243–272.
9. ———, (1968). The psychoanalytic treatment of narcissistic personality disorders. *Psychoanal. Study Child* 23, 86-113.
10. ———, (1971). *The Analysis of the Self.* New York: Int. Univ. Press.
11. Mahler, M. S. (1968). *On Human Symbiosis and the Vicissitudes of Individuation,* vol. 1: *Infantile Psychosis.* New York: Int. Univ. Press.
12. Riviere, J. (1936). A contribution to the analysis of the negative therapeutic reaction. *Int. J. Psycho-Anal.* 17, 304–320.
13. Rosenfeld, H. (1964). On the psychopathology of narcissism: a clinical approach. *Int. J. Psycho-Anal.* 45, 332–337.
14. Sandler, J. & Rosenblatt, B. (1962). The concept of the representational world. *Psychoanal. Study Child* 17.
15. Tartakoff, H. H. (1966). The normal personality in our culture and the Nobel Prize complex. In R. M. Loewenstein *et al.* (eds.), *Psychoanalysis: A General Psychology.* New York: Int. Univ. Press.
16. Ticho, E. (1970). Differences between psychoanalysis and psychotherapy. *Bull. Menninger Clin.* 34, 128–138.
17. Van der Waals, H. G. (1965). Problems of narcissism. *Bull. Menninger Clin.* 29, 293–311.

3

Narcissisme normal et pathologique

A. *NARCISSISME NORMAL ET PATHOLOGIQUE*

[315] Dans les précédents chapitres, j'ai envisagé le diagnostic et le traitement des personnalités narcissiques, une constellation pathologique spécifique qui exige des modifications particulières de technique analytique et psychothérapeutique. J'ai envisagé ailleurs les problèmes métapsychologiques qui sous-tendent les explorations cliniques du narcissisme (9, 10). J'aimerais maintenant préciser les caractéristiques du narcissisme normal et pathologique, insister sur les conditions structurelles intrapsychiques sous-jacentes et rappeler les conséquences diagnostiques et thérapeutiques. Parce que depuis des années, on utilise le terme « narcissisme » de façon très variable, je pense qu'il est utile de le définir d'abord et ensuite de proposer une conceptualisation du narcissisme en terme de structure intrapsychique. Cette analyse structurelle du narcissisme est particulièrement utile quand on cherche à éclairer la différence entre le narcissisme normal et pathologique.

B. *DEFINITION DU NARCISSISME NORMAL*

A la suite d'Hartmann (5), je définis le narcissisme normal

comme l'investissement libidinal du soi. Le soi est une structure intrapsychique constituée des multiples représentations de soi et des tendances affectives qui y correspondent. Les représentations du soi sont les structures cognitives et affectives qui traduisent la perception qu'une personne a d'elle-même dans ses interactions réelles avec d'autres personnes importantes et dans ses interactions fantasmatiques avec les représentations internes de ces autres personnes [316], c'est-à-dire avec les représentations d'objet. Le soi fait partie du moi, qui contient, en outre, les représentations d'objet qu'on vient de mentionner, et également les images de soi idéales et les images d'objet idéales aux diverses étapes de non personnification, d'abstraction et d'intégration. Le soi normal est intégré en ce sens que les représentations qui composent le soi s'organisent de façon dynamique en un ensemble cohérent. Le soi est en relation avec les représentations d'objet intégrées, c'est-à-dire avec des représentations d'objet qui ont incorporé les représentations d'objet primitives « bonnes » et « mauvaises » en des images intégrées des autres ; de la même manière, le soi représente une intégration des images de soi contradictoires « totalement bonnes » et « totalement mauvaises » issues des images de soi précoces libidinalement ou agressivement investies.

Toutefois, quoique le narcissisme normal reflète l'investissement libidinal du soi, le soi constitue en réalité une structure qui intègre des éléments investis de façon libidinale et investis de façon agressive ; plus simplement, l'intégration des images de soi bonnes et mauvaises en un concept de soi réaliste qui incorpore plutôt qu'il ne dissocie les différents éléments des représentations de soi, représente une condition nécessaire pour l'investissement libidinal d'un soi normal. Ceci explique aussi le paradoxe où une intégration de l'amour et de la haine est le préalable à une capacité d'amour normal.

Cette définition du soi et des représentations d'objet intégrées est très proche de la description qu'ont donné Sandler et Rosenblatt (16) du « monde représentationnel », et de la définition de l'identité du moi par Erikson (3). Cliniquement, un soi intégré se caractérise par une continuité de l'expérience de soi autant diachronique (à travers le temps) que synchronique (dans plusieurs domaines de fonctionnement qui existent simultanément dans différentes relations psychosociales). Cliniquement on reconnaît l'absence d'un soi intégré par l'existence d'états du moi contradictoires, dissociés ou clivés qui alternent sans être jamais intégrés. Dans ces cas, l'individu peut « se rappeler » ses sentiments au cours d'expériences opposées à celles qu'il est en train de vivre, sans jamais être capable d'intégrer les diverses expériences. L'absence d'un soi intégré se caractérise aussi par des sentiments permanents d'irréalité, de perplexité, de vide ou par une perturbation du « sentiment de soi » (7) ou encore par une profonde incapacité à se percevoir réellement comme un être humain complet. Dans ces conditions, [317] le patient peut présenter les « insight » au sens d'une accessibilité à la conscience des processus intrapsychiques primitifs, mais il ne peut jamais intégrer ses expériences primitives cognitives et affectives à celles de niveau supérieur, pas plus qu'il ne peut intégrer l'ensemble de ses expériences subjectives et l'impact de son comportement réel dans le domaine interpersonnel. Comme l'absence d'un soi intégré coexiste habituellement avec l'absence d'intégration des représentations d'objet, ces dernières sont des caricatures de représentations superficielles « totalement bonnes » ou « totalement mauvaises », et le patient connaît de grandes difficultés pour intégrer la perception des autres en un ensemble cohérent ; ainsi, il n'a pas ou très peu, de capacité d'empathie ou de jugement réaliste des autres en profondeur ; sa conduite se règle sur des perceptions immédiates plutôt que sur un modèle internalisé et durable, persistant, qui est normalement accessible au soi.

Revenons maintenant à la définition du narcissisme comme investissement libidinal du soi : il faut souligner qu'un tel investissement libidinal du soi ne provient pas seulement d'une source pulsionnelle d'énergie libidinale, mais des nombreuses relations entre le soi et d'autres structures intrapsychiques. Parmi celles-ci on compte les structures au sein du moi (les déterminants intrasystémiques du narcissisme) et les structures faisant partie des autres appareils psychiques, c'est-à-dire le surmoi et le çà (les déterminants intersystémiques du narcissisme).

Jakobson (7) a souligné que « le sentiment de soi » normal provient de la conscience chez un individu d'un soi intégré, tandis que « l'estime de soi » ou le « respect de soi » dépend de l'investissement libidinal d'un tel soi intégré. Le niveau ou l'intensité de l'estime de soi ou du respect de soi indique le degré de l'investissement narcissique du soi. L'estime de soi ou le respect de soi ne sont pas néanmoins un simple reflet des « investissements pulsionnels » : ils traduisent toujours une combinaison d'éléments affectifs et cognitifs avec la prédominance d'éléments affectifs diffus aux niveaux les plus primitifs de régulation de l'estime de soi, et une prédominance de différenciation cognitive, où les affects impliqués sont « atténués », aux étapes les plus avancées de régulation de l'estime de soi. L'estime de soi ou le respect de soi représente ainsi, les niveaux les plus différenciés de l'investissement narcissique, tandis que les sentiments diffus de bien-être, de plaisir à vivre, d'états affectifs qui expriment la satisfaction ou l'euphorie, [318] représentent des expressions plus primitives du narcissisme. Ainsi que Jakobson l'a montré (7), les oscillations d'humeur représentent les principaux témoins du respect de soi au niveau primitif de régulation de l'estime de soi déterminées par le surmoi. A des étapes plus avancées de fonctionnement du surmoi, la critique ou l'appréciation cognitive plus précise et délimitée du soi remplace la régulation par les oscillations d'humeur. Parce que les structures qui influencent l'investissement pulsionnel du soi n'opèrent pas uniquement en termes d'investissement libidinal affectif et cognitif, mais aussi en termes d'interaction d'investissement agressif, on ne peut comprendre la régulation du narcissisme normal qu'en termes de prédominance relative des investissements libidinaux sur les investissements agressifs par ces mêmes structures intrapsychiques. Sur le plan clinique, l'investissement narcissique et l'investissement libidinal ne peuvent être pleinement compris que dans le contexte d'une analyse simultanée des vicissitudes intrapsychiques de la libido et de l'agressivité.

Quelles sont les structures intrapsychiques et les facteurs externes qui influencent l'investissement libidinal du soi, c'est-à-dire le narcissisme normal ?

1. Le soi idéal et les buts du moi

A l'intérieur même du moi, les buts conscients, préconscients et inconscients du moi (qui traduisent les différentes étapes du développement depuis les images de soi primitives, idéales jusqu'aux buts de la maturité) représentent le niveau d'aspiration face auquel, pourrait-on dire la réalité du soi se mesure. Comme Hartmann (5) l'a noté, outre l'autocritique qui provient du surmoi, le moi présente aussi des fonctions de critique du soi et règle ainsi l'estime de soi. Bibring (1) a décrit la prédisposition fondamentale à la dépression lorsque le moi fait l'expérience du désespoir et de l'impuissance quand un état espéré du soi n'a pas été atteint ou a été perdu. Sandler et Rosenblatt (16) se réfèrent à ce mécanisme lorsqu'ils décrivent les tensions entre soi réel et soi idéal.

2. Les représentations d'objet

Une autre structure du moi joue un rôle dans la régulation de l'estime du soi, en fournissant des apports narcissiques [319] ou un investissement libidinal du soi, c'est le monde des objets internes ou des représentations d'objet intimement liées au soi intégré. J'ai déjà fait référence (9) aux fonctions protectrices des représentations d'objet, aux périodes de la vie où il y a des crises ou des pertes d'objet ; j'ai suggéré qu'une régression au service du moi peut se comprendre en partie comme une activation régressive des relations d'objet internalisées passées dans lesquelles les représentations d'objet « bonnes » apportent au soi l'amour et la reconfirmation qui compensent la déception causée par la réalité.

3. Les facteurs du surmoi

Deux structures essentielles du surmoi régissent l'estime de soi. La première est représentée par les différents niveaux de structure du surmoi qui effectuent une évaluation critique du moi par l'intermédiaire des exigences et des sanctions du surmoi. On peut se rapporter ici à l'analyse par Jacobson (7) des niveaux de développement du surmoi et de l'effet régulateur qu'il exerce sur le soi grâce à des fonctions qui vont de la qualité de l'humeur à l'auto-critique réaliste. Les aspects critiques ou punitifs du surmoi régulent l'estime de soi sur un mode principalement critique et « négatif ». L'autre structure du surmoi qui intéresse la régulation de l'estime de soi est l'idéal du moi (qui résulte de l'intégration des images d'objet idéales et des images de soi idéales introjectées dans le surmoi dès la plus petite enfance) qui augmente l'estime de soi lorsque le soi est à la hauteur de ces exigences et de ces attentes. Schafer (17) a évoqué cette fonction protectrice de l'idéal du moi. Cliniquement, il est surprenant d'observer à quel point certains patients deviennent hyperdépendants des sources externes d'admiration, d'amour et d'assurance lorsqu'ils souffrent d'une absence ou d'une mauvaise intégration de cette structure particulière du surmoi.

4. Les facteurs pulsionnels et organiques

Intéressons-nous maintenant aux structures venant du çà : lorsque les besoins pulsionnels de base sont satisfaits et lorsque le soi a pu, de façon satisfaisante, négocier ses besoins internes avec les exigences de l'environnement, il y a une augmentation de l'estime de soi. En d'autres termes, l'expression sublimatoire des besoins pulsionnels [320] provoque une gratification narcissique. Une habituelle bonne santé reconfirme à la fois l'intégrité et l'investissement libidinal du soi. Parce que les représentations du soi originelles sont fortement influencées par les images du corps et parce que les gratifications pulsionnelles intrapsychiques les plus précoces sont étroitement liées au rétablissement de l'équilibre physiologique, la santé et la maladie physique influencent de façon significative l'équilibre normal ou anormal de l'investissement narcissique.

5. Les facteurs externes

On peut classer les différents facteurs de la réalité qui influencent la régulation normale de l'estime de soi : 1) les gratifications libidinales provenant des objets externes ; 2) les gratifications des buts et des aspirations du moi par le succès ou la réussite sociale et 3) la gratification des aspirations intellectuelles ou culturelles réalisées dans le milieu environnant. Ces dernières comportent des éléments de valeur et représentent les exigences du surmoi et du moi en même temps que des facteurs de réalité. Elles reflètent l'importance que les systèmes de valeurs culturelles, ethiques ou esthétiques ont dans la régulation de l'estime de soi en plus des systèmes psychosociaux ou psychobiologiques déjà mentionnés.

En résumé, l'investissement libidinal du soi augmente avec l'amour ou la gratification provenant des objets externes, les succès remportés dans la réalité, une augmentation de l'harmonie entre les structures du soi et du surmoi, une réassurance dans l'amour provenant des objets internes, une gratification pulsionnelle directe et la santé physique.

Normalement, une augmentation de l'investissement libidinal du soi s'accompagne aussi d'une augmentation de l'investissement libidinal des objets : un soi dont l'investissement libidinal s'est accru, en paix et heureux avec lui-même pour ainsi dire, peut mieux investir les objets externes et leurs représentations internalisées. En général, lorsqu'il y a une augmentation de l'investissement narcissique, il y a une augmentation parallèle de la capacité à aimer et à donner, à ressentir et à exprimer la gratitude, à éprouver de la sollicitude pour les autres. La sexualité, la sublimation et la créativité s'épanouissent. Parce que l'investissement libidinal normal des objets externes et de leurs représentations internes est étroitement lié à la possibilité de surmonter une expression plus primitive dissociée ou clivée d'amour et de haine à l'égard des objets, l'accroissement de l'investissement libidinal du soi [321] rassure aussi le soi sur sa « bonté » à l'égard des objets et renforce les liens objectaux. En guise de métaphore, charger la batterie du soi entraîne secondairement la recharge de la batterie de l'investissement libidinal d'objet.

On observe une diminution de l'investissement libidinal du soi dans des circonstances telles qu'une perte des sources externes d'amour, un échec à atteindre les buts du moi ou à être à la hauteur des attentes du moi, des pressions du surmoi réactivées par des poussées pulsionnelles inacceptables par le surmoi, l'incapacité d'être à la hauteur des attentes de l'idéal du moi, une frustration habituelle des besoins pulsionnels ou une maladie physique. Une perte ou un échec dans un de ces domaines peut se répercuter dans un autre domaine. Dans le deuil pathologique par exemple, la blessure narcissique qui résulte de la perte externe d'un objet est renforcée par l'augmentation des pressions du surmoi qui reflètent la culpabilité inconsciente liée à cette perte d'objet, et un affaiblissement secondaire d'un investissement libidinal que le soi reçoit des représentations d'objet ; la pression du surmoi persuade le soi qu'il ne mérite plus l'amour ni de ses objets internes ni de ses objets externes. De ce fait, les diverses structures intrapsychiques qui régulent l'investissement libidinal du soi ne peuvent être envisagées séparément les unes des autres mais bien plutôt dans un équilibre dynamique global.

Par exemple, le processus de perlaboration du deuil normal implique non seulement le rétablissement des investissements libidinaux du soi (par les processus d'identification grâce auxquels le soi acquiert les caractéristiques et l'investissement libidinal de l'objet perdu) mais aussi, et cela est très important, la restauration ou le renforcement des représentations d'objet qui reflètent l'objet perdu et les autres « bons » objets internalisés ; en fin de compte, l'investissement libidinal des objets internalisés renforcent leur disponibilité comme source potentielle de gratifications libidinales pour le soi.

Le narcissisme normal dépend de l'intégrité du soi et des autres structures intrapsychiques qui s'y rattachent dont on a déjà parlé. Le narcissisme normal dépend aussi de l'équilibre entre les rejetons pulsionnels libidinaux et agressifs impliqués dans les relations entre le soi et toutes ces autres structures. L'investissement agressif du soi, qu'il provienne des diverses structures régissant le narcissisme que l'on a évoquées, [322] ou qu'il provienne de la réalité externe, diminue l'estime de soi. En outre, le narcissisme normal dépend du niveau de développement atteint par le soi et par les structures intrapsychiques qui s'y rattachent en fonction du caractère adulte, de la maturité (par opposition au caractère infantile) des espérances, des aspirations, des modèles et des idéaux que se donne le soi. Par exemple, il peut y avoir une intégrité structurelle du soi, du surmoi et de l'idéal du moi et une intégration des relations d'objet internalisées avec cependant une fixation à des buts et des conflits narcissiques infantiles. Cette constellation est typique de la plupart des patients qui ont des troubles névrotiques ou caractériels.

C. *NARCISSISME PATHOLOGIQUE*

En général, tous les conflits névrotiques entravent les bonnes relations du soi avec les différentes instances et structures mentionnées. Par exemple des interdits d'une sévérité pathologique contre les pulsions sexuelles (du fait de leur implication œdipienne non résolue) se traduisent par des relations conflictuelles du soi avec les objets externes, d'excessives pressions du surmoi sur le soi, et une réduction dans le potentiel de sublimation du moi, toutes choses qui affectent de diverses manières la possibilité d'apports libidinaux au soi. En même temps, la mise en place de modèles pathologiques de la personnalité utilisés comme défenses contre des relations conflictuelles directes aux autres et contre une confrontation directe aux pulsions œdipiennes interdites protègent le fonctionnement du moi et du soi ; ils protègent aussi l'estime de soi, c'est-à-dire qu'ils ont une fonction narcissique. Ainsi, tous les patients qui ont une réaction névrotique ou une pathologie de la personnalité ont « des problèmes narcissiques » : il existe une vulnérabilité pathologique du soi, dont ils se défendent par des traits de personnalité pathologique si bien que l'exploration et la résolution analytique de ces traits entraînent une activation des conflits et des frustrations narcissiques. On découvre alors combien le contenu des buts ou des attentes du moi et des exigences du surmoi sont restés à un niveau infantile qui s'oppose à la maturité des attentes et des aspirations narcissiques des zones du moi moins conflictuelles.

En général, l'activation des conflits autour de l'agressivité (qui réduit la disponibilité ou la prédominance de l'investissement libidinal du soi et des objets externes et internes) associée à une fixation [323] ou à une régression à des conflits infantiles névrotiques inscrits dans un moi et un soi relativement bien intégrés représente une large source de frustration et/ou de distorsion du narcissisme normal. Ce sont là les formes les moins graves de perturbations narcissiques qu'on peut rencontrer cliniquement.

On peut trouver un type plus grave de perturbation narcissique dans les cas où le soi a développé des processus identificatoires pathologiques à un degré tel qu'il se modèle essentiellement sur un objet internalisé pathogénique, tandis que des aspects importants du soi (en liaison à cet objet) ont été projetés sur les représentations d'objet et sur les objets externes. Ce type de pathologie narcissique plus grave se rapporte à des individus qui (aussi bien dans leur vie intrapsychique de relations d'objet et dans leur vie extérieure) s'identifient à un objet et aiment un objet qui remplace leur soi (présent ou passé). Freud (4) a montré que la sélection par les homosexuels de leurs objets d'amour qui les représentaient eux-mêmes, était la principale raison qui l'avait conduit à adopter la thèse du narcissisme. Il considérait les relations amoureuses de ces homosexuels comme « narcissiques » contrairement à un attachement amoureux de type « anaclitique » à un objet qui représente une image parentale importante. Afin d'examiner plus à fond cette situation, nous devons revenir sur les implications libidinales d'une relation d'objet normale.

La relation normale à un objet représente un mélange optimal de liens « libidinaux à l'objet » et de liens « narcissiques » en ce sens que l'investissement d'objet et l'investissement de soi dans la relation gratifiante à de tels objets vont de pair (18). Dans ce contexte d'une relation libidinale du soi à un objet cependant, la relation d'objet peut avoir une nature plus ou moins infantile, si bien que le soi peut avoir des relations à l'objet qui se rangent tout au long d'une ligne depuis une recherche infantile purement « anaclitique » d'amour - où se mêlent la dépendance, les exigences et la gratitude - à un type adulte de réciprocité où un amour de soi lucide et mûr se combine à un investissement mûr de l'objet. Le narcissisme adulte et infantile comporte « un égocentrisme » mais l'investissement de soi du narcissisme adulte normal se fait en termes de buts, d'idéaux et d'attente témoins de maturité tandis que l'investissement de soi infantile normal se fait en termes de tensions infantiles, exhibitionnistes, avides de pouvoir et exigeantes. Le narcissisme adulte et le narcissisme infantile normal [324] comprennent tous les deux un investissement d'objet. Leur différence réside dans la réciprocité de l'adulte opposé à l'idéalisation et à la dépendance infantile. Par conséquent, les relations « anaclitiques » comportent des traits régressifs, à la fois dans l'investissement du soi et l'investissement d'objet, c'est-à-dire une régression depuis un mélange adulte d'investissements narcissiques et objectaux à un type infantile de mélange de ces liens.

Les stades de développement du surmoi (en particulier l'idéal du moi) et la nature de la principale issue des conflits œdipiens (par exemple la prédominance d'une fixation et/ou d'une régression à des phases libidinales prégénitales) influencent l'importance de l'aspect « anaclitique » de toutes relations d'objet ; c'est-à-dire, le degré de régression ou de fixation aux caractéristiques infantiles normales dans lesquels les besoins de dépendance colorent à la fois les investissements de soi et d'objet. En bref, les relations d'objet normal impliquent un mélange d'investissement narcissique et objectal, et la nature des liens narcissiques objectaux varie en fonction du niveau d'ensemble du développement psychologique. Le type « anaclitique » d'amour d'objet, selon Freud, renvoie à des traits infantiles régressifs à la fois dans l'investissement narcissique et objectal de cette relation.

Revenons maintenant au type plus grave de perturbation narcissique évoqué auparavant. Lorsque l'investissement du soi s'accomplit sous la forme d'une identification du soi à un objet, tandis que le soi est projeté sur un objet externe qui est aimé parce qu'il prend la place du soi, la situation est totalement différente des caractéristiques normales du narcissisme dont on a déjà parlé. Ce type de relation d'objet, que Freud fut le premier à appeler « narcissique », représente une pathologie narcissique qualitativement différente et bien plus sévère que les pathologies moins graves dont on vient de parler (qui représentent simplement une régression ou une fixation à un investissement libidinal infantile et non mature de soi et d'objet. Il importe cependant de souligner que dans cette relation pathologique entre un soi identifié à un objet (par exemple dans certains cas d'homosexualités masculines, avec une mère protectrice et source de gratifications orales) et un objet identifié au soi (le soi infantile et dépendant dans le cadre de l'homosexualité masculine), une relation d'objet existe encore : c'est-à-dire une [325] relation entre le soi et l'objet dans ses interactions à la fois intrapsychiques et externes.

Un type encore plus sévère de pathologie narcissique se caractérise par une détérioration encore plus profonde des relations d'objet dans laquelle la relation ne se fait plus entre le soi et l'objet mais entre un soi grandiose primitif pathologique et la projection temporaire de ce soi sur les objets. (Le « soi grandiose » est le terme qu'a proposé Kohut (11) ; je l'utilise pour la même description clinique, mais dans le cadre d'une analyse métapsychologique différente de celle qu'il propose). Ici la relation ne va plus du soi à l'objet, ni de l'objet au soi mais du soi au soi. En réalité, c'est uniquement dans ce dernier cas qu'on peut dire qu'une relation narcissique a remplacé une relation d'objet.

C'est une situation très différente de celle qui apparaît dans certaines circonstances normales telles que l'adolescence, où se produit des identifications mutuelles avec d'autres objets considérés comme des représentations du soi mais qui conservent en même temps leurs propres caractéristiques. La projection temporaire ou partielle d'un soi idéal dans le cadre des amitiés normales de la première adolescence (qui peut comprendre les rejetons des conflits homosexuels et des investissements libidinaux infantiles) sur un objet qui est perçu comme semblable au soi, va de pair avec des liens libidinaux-objectaux à cet objet. Elle possède une qualité totalement différente de la projection du soi grandiose pathologique sur d'autres objets. J'ai analysé en détails ces différences dans les précédents chapitres.

La relation du soi grandiose pathologique au soi grandiose pathologique temporairement projeté caractérise la personnalité narcissique, un type particulier de pathologie de personnalité qui représente la forme la plus sévère du narcissisme pathologique à trois niveaux de pathologie narcissique. J'ai fait référence jusqu'ici à 1) la régression depuis un narcissisme adulte normal à un narcissisme infantile normal, 2) la relation à un objet qui représente le soi tandis que le soi est identifié à cet objet et 3) la relation d'un soi grandiose à un soi grandiose temporairement projeté. Ces trois niveaux présentent tous une structure intégrée du soi. Ce soi intégré peut être un soi régressé ou fixé à un stade infantile, un soi déformé à cause de la prédominance des identifications à l'objet [326] ou un soi grandiose pathologique (caractéristique des personnalités narcissiques). En revanche, il y a d'autres patients qui présentent un manque d'intégration du soi (généralement des représentations du soi et d'objet dissociés ou clivés) : les patients qui présentent une organisation limite de la personnalité (sans la condensation d'une structure pathologique de soi grandiose). Dans ces cas on observe de rapides passages d'une identification à une certaine représentation de soi accompagnée de la projection d'une certaine représentation d'objet sur un objet externe, à une identification à une représentation d'objet accompagnée de la projection d'une certaine représentation de soi sur l'objet externe. Dans ces cas, les relations d'objet sont changeantes et instables ; il se produit une alternance chaotique des différents types de perturbations narcissiques. Il semble préférable de ne pas considérer ces cas comme une pathologie particulière du narcissisme mais comme représentants plutôt une pathologie des relations d'objet internalisées. Enfin, on trouve les cas où prédomine un manque de différenciation entre les représentations de soi et d'objet, c'est-à-dire les cas qui présentent des identifications psychotiques (6, 7). Ici les conflits et les défenses psychotiques l'emportent habituellement sur les investissements narcissiques et libidinaux objectaux qui traduisent des relations différenciées avec autrui. Je ne pense pas dans ces circonstances qu'il soit intéressant de s'efforcer de différencier les investissements d'objet des investissements de soi ; le soi et l'objet sont encore (ou à nouveau) fusionnés.

Tout ce que je viens de dire a une conséquence pour la théorie clinique du narcissisme : les considérations économiques seules (c'est-à-dire les considérations sur l'intensité ou la quantité de l'investissement narcissique) ne révèlent pas grand chose sur la nature normale ou pathologique du narcissisme ; elles traduisent simplement l'intensité du métabolisme d'ensemble, pour ainsi dire, des relations d'objet internalisées. Ainsi, l'intensité de l'investissement libidinal du soi et des objets est en liaison étroite avec les modifications de l'investissement agressif et se modifient conjointement ; par conséquent, les considérations économiques doivent comprendre l'analyse combinée des liens agressifs et libidinaux. Une autre conséquence de cette analyse est que tout effort pour distinguer dans des investissements d'objet externes la part narcissique et la part objectale essentiellement par des observations sur la nature de la relation interpersonnelle entre ceux-ci, aboutirait, me semble-t-il [327] à perdre les aspects les plus spécifiques de la pensée psychanalytique sur le narcissisme normal et pathologique, et les remplacerait par un modèle psychosocial simpliste allant de « l'introversion » à « l'extroversion ». On ne peut vérifier la nature normale ou pathologique du narcissisme que par l'exploration psychanalytique à la fois des relations d'objet externes et aussi des relations intrapsychiques, et par une analyse structurelle des relations d'objet internalisées, et non seulement par l'examen des facteurs économiques qui jouent sur elles.

D. *APPLICATION DIAGNOSTIQUE DE CETTE CONCEPTUALISATION DE LA PATHOLOGIE NARCISSIQUE*

La différenciation entre les développements narcissiques normaux et pathologiques de l'adolescent constitue un problème pratique important. Deutsch (2) et Jacobson (7) ont souligné que, au cours de l'adolescence, il y a une augmentation des manifestations du narcissisme. Il me semble qu'on doit comprendre cette augmentation non seulement en termes quantitatifs mais aussi en termes qualitatifs - c'est-à-dire selon le *continuum* des différentes constellations d'investissements de soi et d'objet tels qu'elles apparaissent dans la structure intrapsychique de l'adolescent.

D'abord, la manifestation la plus normale de l'augmentation du narcissisme chez l'adolescent est l'augmentation de l'investissement libidinal du soi sous la forme d'une préoccupation de soi, d'une sollicitude accrue à l'égard du soi, et de fantasmes grandioses, exhibitionnistes ou tournés vers le pouvoir, qui traduisent tout à la fois un changement quantitatif de l'investissement libidinal depuis des représentations d'objet vers des représentations de soi et aussi un changement régressif, qualitatif vers des relations plus infantiles entre le soi et l'objet - par exemple le désir infantile d'être aimé et admiré par la mère.

Un second type, plus pathologique, d'augmentation du narcissisme de l'adolescent traduit une identification pathologique du soi aux objets infantiles, et la recherche d'objets qui représentent le soi infantile. Comme je l'ai mentionné auparavant, ceci diffère de l'augmentation normale au début de l'adolescence des choix d'objet qui présentent des traits similaires au soi tout en investissant toujours ces objets d'un authentique intérêt et amour : dans ce dernier cas, il y a un amalgame entre les investissements narcissiques et les investissements orientés vers l'objet. [328] A l'opposé, dans des développements narcissiques plus pathologiques, la projection du soi sur l'objet remplace le lien objectal, tandis que le soi, dans son interaction avec cet objet, représente l'objet de la relation objectale infantile internalisée et réactivée. Certains comportements homosexuels de l'adolescence sont en rapport avec ce type de régression narcissique.

Troisièmement, et c'est encore plus pathologique, on peut trouver chez certains adolescents une orientation vers les objets qui traduit, à l'exploration analytique, la projection d'un soi primitif grandiose pathologique sur l'objet, tandis que le patient conserve toujours ce soi grandiose : c'est la relation du « soi au soi » mentionnée ci-dessus. C'est le cas des structures narcissiques de la personnalité, qui représentent le type le plus sévère des pathologies narcissiques de l'adolescent comme de l'adulte. Sur le plan clinique, on trouve chez ces adolescents un sentiment de grandeur, le mépris, l'absence de toute capacité à opérer des descriminations fines sur la réalité d'autrui, la certitude de soi et des tendances à l'exploitation ou au parasitisme caractéristiques. Ils présentent aussi typiquement, des périodes d'investissement dans des activités ou des relations qui entraînent triomphe, admiration ou satisfaction immédiate de leurs besoins, alternant à des périodes d'abandon précipité des tâches, relations ou activités qui ne peuvent fournir de soutien à leur sentiment de grandeur - ils s'écartent de certains aspects de la réalité sociale, qu'ils dévaluent pour se protéger de l'échec.

En général, plus l'augmentation de l'investissement narcissique de l'adolescent est normale, et plus nous pourrons le décrire en termes quantitatifs - quoiqu'un élément qualitatif soit toujours présent. Plus les changements narcissiques sont pathologiques, moins nous pouvons les comprendre en termes quantitatifs seuls, et plus nous devons clarifier la situation structurelle, c'est-à-dire clarifier la nature des relations d'objet pathologiques impliquées.

Comme autre application de cette analyse structurelle du narcissisme, examinons maintenant les divers types d'homosexualité masculine. Nous pouvons classer l'homosexualité masculine le long d'un *continuum* qui distingue les degrés de gravité de la pathologie des relations d'objet internalisées. D'abord, il y a les cas d'homosexualité où prédominent les facteurs génitaux, œdipiens, dans lesquels la relation homosexuelle traduit une soumission sexuelle au parent du même sexe, défense contre la rivalité œdipienne [329]. Parmi les patients homosexuels, ce sont les cas les plus névrosés et les plus inhibés ; le pronostic du traitement psychanalytique y est habituellement le meilleur. Dans ces cas, le soi œdipien soumis et infantile s'accorde au père œdipien dominateur et interdicteur. Ce type d'homosexualité masculine présente fréquemment un refoulement sous-jacent des tensions hétérosexuelles, conséquences du renoncement aux pulsions sexuelles à l'égard de la mère œdipienne interdite.

Dans un deuxième type, plus grave, il y a une identification conflictuelle de l'homosexuel à l'image de sa mère. Il traite ces objets homosexuels comme une représentation de son propre soi infantile. Dans ce type d'investissement narcissique (celui qui est mentionné par Freud dans son article sur le narcissisme datant de 1914) l'investissement de l'objet homosexuel externe est effectivement « narcissique » en ce sens que l'objet homosexuel prend la place du soi. Néanmoins, même si ce type d'homosexualité est plus narcissique que celui dont on a parlé ci-dessus, il faut noter qu'il y a encore une relation d'objet mise en jeu dans ce lien homosexuel (à savoir entre la mère et l'enfant). Le pronostic de ce type d'homosexualité est plus réservé que celui mentionné ci-dessus. Habituellement, les conflits pré-génitaux prennent le pas sur les conflits génitaux et ces cas présentent des perturbations plus graves de leurs relations d'objet. Divers types de pathologie grave de la personnalité se rattachent à ce type d'homosexualité. Cependant, ces patients sont capables d'amour profond pour leurs objets, même si c'est névrotique. Parfois, la sollicitude maternelle qu'ils portent à leur partenaire homosexuel comporte des éléments d'identification parentale qui ont des fonctions de sublimation et donnent de la profondeur à leurs relations aux objets si bien qu'on rencontre à la fois des traits narcissiques et des aspects de relations d'objet.

Dans un troisième type de relations homosexuelles, le partenaire homosexuel est « aimé » en tant qu'extension du propre soi pathologique grandiose du patient ; nous rencontrons ici la relation non pas du soi à l'objet ni de l'objet au soi mais du soi (pathologique grandiose) au soi. C'est le type le plus sévère d'investissement homosexuel, il caractérise l'homosexualité dans le cadre des structures narcissiques de la personnalité proprement dite ; il constitue sur le plan pronostic le type le plus sévère d'homosexualité. Paradoxalement toutefois, parce que ces patients qui ont une structure narcissique de la personnalité [330] et un soi grandiose pathologique présentent souvent en surface un meilleur fonctionnement que des types moins graves de pathologie (chapitre premier), certains de ces homosexuels qui fonctionnent le mieux sur le plan social, peuvent avoir en réalité le type le plus sévère de pathologie homosexuelle. Dans ces cas, l'investissement des objets qui représentent le soi grandiose projeté est habituellement transitoire et superficiel ; il y a un manque de conscience et d'empathie en profondeur à l'égard de l'objet, qui correspondent au manque d'intégration des représentations d'objet et du soi véritable - à l'opposé du soi grandiose pathologique.

Par conséquent, définir le narcissisme sur un *continuum* depuis une relation adulte normale jusqu'à la relation pathologique la plus sévère du soi au soi, présente des conséquences éminemment pratiques pour le diagnostic, le pronostic et le traitement. Quoique de nombreux cas de névroses symptomatiques ou de pathologie de la personnalité d'« échelon inférieur » (8) présentent un certain degré de fixation et/ou de régression à un narcissisme infantile normal - avec par conséquent une augmentation des fantasmes et des idéaux qui reflètent les divers types de sentiments de grandeur, d'exhibitionnisme et d'exigence infantile - cette régression n'a pas de conséquence diagnostique, pronostique et thérapeutique particulière. On doit cependant garder à l'esprit que chez tous ces patients, les traits de personnalité pathologiques ont une fonction de protection de l'estime de soi. Par conséquent les efforts analytiques pour modifier une structure névrotique comprennent toujours l'implication d'une lésion narcissique (14).

Ces cas où il y a une identification pathologique du soi à un objet infantile et où le choix des objets externes se fait par la projection du soi sur ces objets présentent habituellement des types de pathologie de personnalité plus graves et des conflits homosexuels plus importants. Quoique la nature narcissique de leurs relations aux objets soit prédominante, habituellement ces patients ne nécessitent pas de modification particulière de la technique analytique. Même s'ils présentent une homosexualité manifeste ou refoulée, le pronostic d'une psychothérapie exploratoire ou d'une analyse n'est pas défavorable.

Le troisième type de narcissisme pathologique, le plus grave, caractérise les personnalités narcissiques proprement dites. Je les ai décrites [331] aux chapitres précédents, et ici je n'en ferai que le résumé. Ces patients présentent une excessive préoccupation de soi, accompagnée en surface d'une adaptation sociale uniforme et efficace, mais avec de sérieuses perturbations dans leurs relations internes aux autres. Ils présentent des combinaisons variables d'ambition intense, de fantasmes de grandeur, de sentiment d'infériorité et d'hyperdépendance vis-à-vis de l'admiration et des approbations extérieures ; ils souffrent de sentiments chroniques d'ennui et de vide, ils cherchent toujours une gratification de leurs efforts à briller, obtenir richesse, pouvoir et beauté ; ils ont de graves déficiences dans leurs capacités d'aimer et de se préoccuper des autres. Les autres caractéristiques essentielles comprennent le manque de capacité à une compréhension empathique des autres, une attitude consciente ou inconsciente d'exploitation et de rudesse vis-à-vis d'autrui, en particulier la présence d'une envie intense, permanente et de défense contre cette envie.

Le pronostic de l'analyse ou de tous les autres types de traitement psychothérapique est plus réservé dans ces cas que dans tous les autres mentionnés auparavant, cependant il s'est amélioré à la suite des progrès récents dans la technique psychanalytique. Les déviations sexuelles chez les patients qui présentent ce type de pathologie de personnalité sont souvent très résistantes au traitement.

E. *LE TRAITEMENT DES PERSONNALITES NARCISSIQUES*

Une certaine confusion règne dans la littérature sur la relation entre la personnalité narcissique et les états limites en général. Pour résumer ce que j'ai déjà dit sur ce sujet (chapitre 1 et 2) les caractéristiques structurelles du moi et l'organisation défensive des personnalités narcissiques sont à la fois remarquablement semblables à l'organisation des personnalités limites et spécifiquement différentes.

La similitude avec les états limites réside dans la prédominance des mécanismes de clivage ou de dissociation primitive tels qu'ils se reflètent dans la présence d'états du moi réciproquement dissociés ou clivés. Ainsi un sentiment de grandeur hautaine, de la timidité et des sentiments d'infériorité peuvent coexister chez les personnalités narcissiques [332] sans s'affecter les uns les autres. Les mécanismes de clivage sont renforcés par des formes primitives de projection et d'idéalisation, par le contrôle omnipotent, le retrait narcissique et la dévalorisation : toutes ces défenses sont caractéristiques aussi bien des organisations limites de la personnalité que des personnalités narcissiques.

La différence entre structure narcissique de la personnalité et états limites est que, dans la première il y a un « soi grandiose », terme proposé par Kohut (11), intégré quoique hautement pathologique. A mon avis, ce soi grandiose est une condensation pathologique des rudiments du soi réel, du soi idéal, et des objets idéaux de la première enfance et de l'enfance. Il incorpore ainsi certains éléments qui autrement auraient pu être intégrés au surmoi. En conséquence, l'intégration du surmoi est défectueuse, les frontières du moi et du surmoi sont estompées dans certains domaines, et l'ensemble du monde intrapsychique des relations d'objet se détériore ; il est remplacé par le soi grandiose, par des représentations dévalorisées, floues du soi et des autres et par des images lourdes d'un potentiel de persécution qui représentent les précurseurs sadiques, non intégrés du surmoi. Le soi grandiose pathologique remplace la dissociation primitive ou le clivage du soi mais au prix d'une détérioration des relations d'objet bien plus sévère que ce qu'on voit chez les patients limites non narcissiques.

Le soi grandiose pathologique explique, chez les patients narcissiques, le paradoxe d'un fonctionnement de surface et d'une adaptation sociale assez bons malgré la prédominance des mécanismes de clivage et d'une sévère pathologie du moi. Néanmoins, il y a des personnalités narcissiques qui fonctionnent sur ce que j'ai nommé un niveau limite manifeste, c'est-à-dire qu'elles présentent les manifestations non spécifiques de faiblesse du moi caractéristiques de l'organisation limite de la personnalité comprenant un manque grave de tolérance à l'angoisse, un manque de contrôle pulsionnel, une absence frappante de voies de sublimation, et des processus primaires de pensée évidents au cours des tests psychologiques.

En pratique, on peut distinguer trois niveaux de fonctionnement des personnalités narcissiques. En premier, il y a les personnalités narcissiques dont l'adaptation de surface est plus efficace, et qui présente des talents, un savoir-faire et/ou une grande intelligence qui, dans leur vie sociale, leur permettent d'obtenir des succès marquants, et leur donnent [333] une possibilité inhabituelle de gratification grâce au succès et à l'admiration que le monde externe leur apporte. Ces patients n'entreprennent aucun traitement tant qu'ils ne présentent aucun symptôme névrotique sérieux, aucune perturbation sexuelle ou difficulté permanente dans leurs relations intimes à autrui - dans leur mariage par exemple. On peut dire que les bénéfices de leur maladie compensent souvent les troubles qui proviennent de la pathologie de leur relation d'objet. A cause des effets dévastateurs du narcissisme pathologique sur l'adaptation aux stades ultérieurs de la vie, ces patients, en dépit de leur bon fonctionnement de surface, mériteraient d'être traités.

Cependant, dans la mesure où la psychanalyse est le traitement de choix de ces patients, et où ce traitement nécessite une certaine motivation initiale pour résister à l'augmentation importante d'angoisse et de prise de conscience inévitable des conflits, la décision d'entreprendre ou non une analyse est parfois très difficile. Il est parfois préférable de donner aux patients un soutien psychothérapique immédiat à court terme au moment de crises aiguës puis d'attendre que l'augmentation ultérieure de la conscience de soi ou des frustrations qu'impose la vie réelle - auxquelles ces patients sont particulièrement sujets - conduisent ensuite au traitement psychanalytique. J'ai acquis récemment plus d'optimisme en ce qui concerne le traitement de certains de ces patients qui entreprennent une analyse vers 40 ou 50 ans, même si la cure psychanalytique risque d'être longue.

Dans le second groupe, représentant la majorité des personnalités narcissiques qui entreprennent un traitement, les patients ont de graves perturbations dans leur relation d'objet, de l'ordre indiqué dans la définition clinique de ce syndrome. Ils présentent souvent des symptômes névrotiques associés à des difficultés sexuelles, sont perturbés par de graves lacunes, dont la capacité d'établir des relations affectives et sexuelles durables, et par des sentiments permanents de vide. La psychanalyse est le traitement de choix de ces patients. Les développements récents de la technique analytique à propos de ces patients en ont amélioré le pronostic (chapitre 2). Quoiqu'une controverse existe à présent portant sur les théories et les approches techniques du traitement psychanalytique de ces patients entre Kohut (11, 12) d'un côté [334] et d'autres auteurs dont moi-même de l'autre (7, 15, 18), je voudrais souligner l'accord fondamental qui me semble exister entre Kohut et moi-même sur la description clinique du syndrome de la personnalité narcissique pour ces cas qui se situent sur le milieu du spectre, et l'accord sur l'indication évidente d'une psychanalyse.

Le troisième groupe de personnalités narcissiques est représenté par les patients qui fonctionnent sur un niveau limite manifeste, comme on l'a déjà mentionné, et présentent des manifestations non spécifiques de faiblesse du moi. J'ai proposé une approche psychothérapique essentiellement de soutien pour ce groupe. Plus récemment toutefois, j'ai acquis la conviction qu'on pouvait les traiter par une thérapie interprétante et de soutien. Cette technique d'approche nécessite que les opérations les plus bruyantes dans le transfert qui entraînent une dévalorisation du thérapeute (et une destruction inconsciente de la connaissance et de l'aide que le patient en reçoit) soient interprétées, tandis que les autres aspects du soi grandiose sont respectés et qu'un effort rééducatif progressif est fait pour rendre le narcissisme de ces patients plus adaptés et « atténués ».

Certains patients narcissiques au fonctionnement limite manifeste, en particulier ceux qui présentent d'intenses réactions de rage, c'est-à-dire, « la rage narcissique » peuvent exiger une approche psychothérapique interprétante ; récemment, j'ai essayé d'utiliser chez certains de ces patients, l'habituelle approche psychothérapeutique interprétante que j'ai recommandée pour le traitement de l'organisation limite de la personnalité en général *. Malheureusement, leur tendance à développer de graves réactions thérapeutiques négatives entraînent souvent l'interruption prématurée du traitement. En général, le pronostic de ce sous-groupe de patients narcissiques avec une rage chronique, qui fonctionnent sur un niveau limite, est réservé.

Enfin, les patients avec une personnalité narcissique et un fonctionnement limite manifeste qui présentent aussi de fortes tendances anti-sociales ont un très mauvais pronostic. C'est bien entendu, particulièrement vrai pour les personnalités anti-sociales proprement dites qui, outre les perturbations et les déformations habituellement graves des fonctions du surmoi et des relations d'objet, présentent des structures défensives narcissiques typiques.

[335] J'ai déjà abordé le traitement psychanalytique des personnalités narcissiques et je ne me répèterai pas ici. La stratégie d'ensemble qu'on a décrite lors de la discussion de la phase initiale du traitement des patients limites *, s'applique particulièrement au travail thérapeutique avec les patients narcissiques qui fonctionnent sur un niveau limite manifeste. Ces patients narcissiques présentent quelques problèmes techniques particuliers. Je me contenterai d'aborder ici les problèmes techniques les plus importants que pose la psychothérapie (et non la psychanalyse) de ces patients.

Dans de nombreux cas, un problème essentiel est la nécessité de se centrer sur ce qui semble être une dépendance pathologique ou contradictoire à l'égard du thérapeute. Sans arrêt, le patient semble demander au thérapeute de faire quelque chose, de lui en donner « plus », de parvenir à « des nouvelles formulations », alors qu'en même temps il dévalorise inconsciemment le travail psychothérapique et

---

* *Les troubles limites de la personnalité, op. cit.,* chapitre 3.
* *Les troubles limites de la personnalité, op. cit.,* chapitre 6.

ce qu'il reçoit du thérapeute. La psychothérapie prend l'aspect d'une recherche de « nourriture magique » qui s'oppose à l'acceptation par le patient des véritables contributions du thérapeute. Sous-jacent à ce problème, on trouve régulièrement une envie inconsciente à l'égard des capacités et des aptitudes du thérapeute, de son savoir, ses connaissances, ses convictions, et un besoin de dénaturer ou de détruire ses aptitudes dans la relation psychothérapique réelle. Ces patients tentent de remplacer les véritables contributions du thérapeute par des « contributions magiques » que, par définition, le patient peut incorporer magiquement sans avoir à éprouver aucune gratitude envers le thérapeute ou à ressentir de l'envie à l'égard de ce que le thérapeute a vraiment et que le patient n'a pas. A mesure que la « magie » s'émousse ou que finalement, elle est détruite par la sensation du patient que ni relation ni travail véritablement significatif ne s'élabore pendant les séances, les exigences à l'égard du thérapeute s'accroissent, une sensation inquiétante de vide et de rage du fait des frustrations subies pendant le traitement se développe, l'envie à l'égard du thérapeute s'accentue et ainsi sont créés des cercles vicieux qui menacent la poursuite même du traitement.

Un autre grand problème technique chez ces patients est leur seuil très bas de tolérance à la frustration ; ils associent les aspects non spécifiques de faiblesse du moi et une vulnérabilité narcissique spécifique, ils se sentent facilement blessés ou rejetés à cause de frustrations ou [336] d'imperfections mineures de la part du thérapeute. Chez le thérapeute, la conscience de leur vulnérabilité aux frustrations narcissiques et de leur réaction de rage et/ou leur repli protecteur dans des interactions extra-thérapeutiques, peut aider à repérer non seulement comment et pourquoi ils hésitent à s'impliquer dans leur travail, leurs relations sociales, leur mariage, mais aussi comment le besoin d'échapper aux frustrations qu'ils craignent et à la rage qu'ils en ressentent joue dans le transfert, dans l'hypersensibilité du patient au thérapeute et dans son attitude de repli narcissique ou de rage à l'égard du thérapeute. L'hypersensibilité de ces patients à tout « échec » représente le même problème ; pour eux, « échecs » signifient souvent qu'ils ne sont pas capables d'être le premier, l'unique ou le préféré dans une situation de compétition. De manière erronée, on peut interpréter leur inhibition de toute compétitivité comme une inhibition de la rivalité œdipienne alors qu'elle provient de la vulnérabilité narcissique du soi grandiose. Il est souvent possible de les aider à prendre conscience du fait qu'ils leur faut être les vainqueurs d'une compétition pour pouvoir y participer ; c'est un mécanisme fréquent dans les échecs scolaires des adolescents narcissiques limites.

Un autre problème fréquent qu'on rencontre en particulier chez les hommes narcissiques dans leurs relations avec les femmes, c'est la présence d'une crainte intense et paranoïde de tout attachement sexuel, qui dérive de la projection inconsciente de leur propre hostilité (à l'égard des images maternelles primitives) sur les femmes avec lesquelles ils se sentent impliqués. Ces craintes peuvent entraîner un isolement social et sexuel permanent et contribuent au développement d'impasses dans le transfert. La relation transférentielle est sûre parce qu'elle est « asexuée » et peut représenter la seule relation d'objet possible dans la vie du patient et suppléer à ses efforts pour améliorer son fonctionnement social. Il est souvent possible de réduire ces réactions paranoïdes et d'améliorer la nature des relations sexuelles de ces patients sans explorer ou résoudre complètement les conflits sous-jacents : on peut explorer prudemment et résoudre par des méthodes de soutien et de rééducation les exigences excessives, les relations arrogantes de parasitisme et d'exploitation que ces patients développent avec les femmes comme dans leurs autres interactions.

Il est parfois très efficace que le thérapeute encourage les patients, de façon directe, à faire un usage adapté de leurs besoins narcissiques et les soutienne [337] dans les solutions qu'ils découvrent au niveau des domaines conflictuels de leur vie. En effet ce soutien direct renforce la tendance inconsciente du patient à incorporer ce qu'il considère comme des aspects importants du psychothérapeute. En d'autres termes, le patient « apprend » du thérapeute, dans un effort inconscient, à lui « retirer » et à « s'approprier » ce qu'autrement il lui envierait.

Une identification narcissique à une image idéalisée et enviée du thérapeute, une image qui est devenue plus réaliste et atténuée sous l'effet de l'acceptation et de l'interprétation partielle par le thérapeute de cette idéalisation, peut être la conséquence de l'introjection par le patient de cette image idéale dans son soi grandiose. Ceci aboutit à une utilisation plus adaptée de cette structure pathologique dans sa vie quotidienne. Ce mécanisme (de projection et de réintrojection modifiée d'une idéalisation primitive liée au soi grandiose) peut être utile aussi bien dans les cas les plus graves de personnalités narcissiques qui fonctionnent sur un niveau limite manifeste que pour des patients au fonctionnement efficace qui consultent un psychiatre à cause d'une situation traumatique mais qui ne peuvent ou ne désirent explorer en profondeur leurs difficultés de personnalité narcissique dont le fonctionnement est dans l'ensemble satisfaisant. Toutefois, je pense que nous devons à nos patients de considérer chaque cas précis de personnalités narcissiques et savoir si c'est une indication de traitement psychanalytique et s'il y a quelque contre-indication particulière. J'ai vu des patients narcissiques qui avaient refusé la proposition d'un traitement psychanalytique ; finalement ils revinrent quelques années plus tard et obtinrent une aide psychanalytique importante par une modification de leur pathologie certes discrète mais cependant dévastatrice. Parfois le meilleur traitement pour un patient qui a une personnalité narcissique et un fonctionnement social très efficace, qui consulte pour une situation critique aiguë, est de lui proposer une psychothérapie de soutien à court terme puis la possibilité d'un traitement psychanalytique comme solution à envisager pour l'avenir.

Revenons encore une fois au traitement des personnalités narcissiques qui fonctionnent sur un niveau limite manifeste ; un dernier problème technique est celui d'un acting-out grave, en particulier de la rage narcissique [338]. L'acting-out doit être contrôlé, d'abord par des tentatives d'interprétation et ensuite si elles sont inefficaces, en structurant suffisamment la vie du patient en dehors des séances. Dans ce dernier cas, il faut également placer sous contrôle, au cours des séances, la conduite agressive, puis l'interpréter - ce qui comprend l'interprétation de la perception par le patient de l'intervention du thérapeute. La stratégie et la technique à utiliser pour l'acting-out incontrôlable chez les patients limites s'appliquent ici *.

En conclusion, la psychothérapie psychanalytique des patients qui présentent une personnalité narcissique avec des traits limites manifestes, devrait associer interprétation et soutien, et combiner la stratégie globale du traitement des patients limites à l'approche spécifique tirée des connaissances récemment développées sur la technique psychanalytique la meilleure que l'on doit utiliser chez les patients narcissiques moins régressés. Quoique nous ne possédions pas encore une approche aussi systématique pour ce type de psychothérapie que pour la démarche psychanalytique classique avec des patients narcissiques, les progrès rapides dans notre compréhension devraient améliorer de manière significative l'efficacité du travail clinique avec la gamme de la pathologie narcissique.

F. *QUELQUES PROBLEMES SUR LA TERMINOLOGIE ET LES IMPLICATIONS METAPSYCHOLOGIQUES DU NARCISSISME*

J'ai déjà laisé entendre qu'on devrait réserver le terme de narcissisme pour les vicissitudes normales et pathologi-

---

* *Les troubles limites de la personnalité, op. cit.*, chapitre 6.

ques de l'investissement libidinal du soi et que, par conséquent, on ne peut analyser le narcissisme comme si c'était une pulsion indépendante des relations d'objet internalisées. La question de l'ultime nature du narcissisme conduit aux questions de l'ultime nature de la libido en tant que pulsion et de la nature normale ou pathologique du soi et des éléments qui le composent ; en fin de compte, la nature du soi est intimement liée aux structures normales [339] ou pathologiques issues des relations d'objet internalisées.

Je n'ai pas ici abordé la question de la nature ultime de la libido en tant que pulsion, sinon pour affirmer que l'estime ou le respect de soi n'est pas un simple reflet des « investissements pulsionnels », mais reflète toujours une combinaison d'éléments affectifs et cognitifs. Implicitement dans ces formulations on retrouve la formulation métapsychologique d'une relation entre la libido en tant que pulsion et les dispositions d'affects en tant qu'expression cruciale des poussées pulsionnelles au sein de l'appareil psychique.

J'ai développé cette analyse ailleurs (10) et je me limiterai ici à résumer brièvement mes propositions : 1) les affects représentent les dispositions innées à une expérience subjective selon les dimensions du plaisir et du déplaisir ; 2) les affects sont fixés grâce aux traces mnésiques dans une « mémoire affective » primitive, constellation ou unité qui incorpore des éléments du soi, des éléments d'objet, et l'état affectif lui-même et 3) la différenciation des affects apparaît dans le cadre d'une différenciation des relations d'objet internalisées.

J'ai suggéré que les affects agréables et douloureux sont les principaux organisateurs de la série des relations d'objet internalisées « bonnes » et « mauvaises » et qu'ils constituent la motivation essentielle ou le système pulsionnel qui organise l'expérience intrapsychique. La libido et l'agressivité ne sont pas des données externes de ce développement, mais représentent l'organisation globale des systèmes pulsionnels selon une polarité générale du « bon » et du « mauvais ». Les états affectifs déterminent d'abord l'intégration tant des relations d'objet internalisées que des systèmes pulsionnels d'ensemble ; ensuite ils déclenchent l'activation de la pulsion et représentent cette pulsion dans le cadre d'une activation de relations d'objet internalisées spécifiques.

La libido et l'agressivité se différencient donc à partir de la matrice indifférenciée commune du moi et du çà. L'organisation de ces deux pulsions se produit sous l'influence du développement des relations d'objet internalisées qui en fin de compte, s'intègrent à leur tour sous l'influence organisatrice des affects. Ces formulations supposent que les « investissements » sont avant tout des « investissements affectifs », c'est-à-dire, l'élément quantitatif ou le facteur économique qui est impliqué dans l'intensité des dispositions [340] d'affects primitives qui sont activées dans le cadre d'unités primitives de relations d'objet internalisées ; les affects sont les véritables organisateurs de ces unités primitives. Ils se différencient progressivement et leurs aspects quantitatifs ou économiques deviennent étroitement liés à l'organisation des systèmes de motivations ou de pulsions dans la série « libido » et dans la série « agressivité ». Par la suite, les affects ont pour fonction cruciale de signaler la qualité prédominante libidinale, agressive ou combinée agressive-libidinale des systèmes de motivations. Leurs éléments quantitatifs ou « investissements » reflétaient initialement l'impact subjectif intrapsychique d'une gratification ou d'une frustration des besoins physiologiques mais progressivement ils dépendent de plus en plus de l'interprétation globale par le sujet de l'émergence affective immédiate selon ses significations pour le soi et l'objet, selon les valeurs du moi et les pressions du surmoi, etc... Il me semble donc très pratique d'utiliser le terme « investissement » pour se référer à la fonction des affects comme indicateur des systèmes de motivations prédominants. Cela suppose que, initialement, les investissements étaient « presque » de purs investissements affectifs, alors qu'en fin de compte l'affect a plutôt une fonction de signal qui indique l'intensité quantitative du système de motivations (plutôt que d'indiquer l'intensité d'une pulsion qui ne se rapporte pas à des relations d'objet internalisées ou à des fonctions cognitives supérieures).

Ainsi peut-on dire que les « investissements » sont au début des « investissements d'affects » et qu'ils ont une fonction cruciale pour organiser les « pulsions » globales en systèmes pulsionnels intrapsychiques ; les « investissements » deviennent finalement des « investissements pulsionnels » qui montrent grâce à l'état affectif prédominant, l'intensité et le type de système motivationnel qui prédomine dans une certaine situation. Les affects sont les éléments d'une expérience intrapsychique qui restent les plus proches des sources biologiques du fonctionnement psychique. L'intensité, déterminée biologiquement, des affects peut être canalisée dans des systèmes de motivations intrapsychiques toujours plus complexes ; mais - sauf dans des conditions extrêmes - il n'y a pas de relations mécaniques directes entre les pressions biologiques et le fonctionnement psychique.

La nature ultime du narcissisme - l'expression de la libido dirigée sur le soi - comme pulsion ou même comme reflet [341] de l'équilibre entre libido et agressivité lorsqu'ils investissement le soi - dépend donc du développement des dispositions d'affects des séries libidinales et agressives de même que celles-ci sont liées au développement des relations d'objet internalisées et de leur structuration dans le moi, le surmoi et le çà. Cette conceptualisation sous-tend l'analyse structurelle et clinique du narcissisme normal et pathologique exposée dans les trois premiers paragraphes de ce chapitre. J'ai déjà appliqué ailleurs (9, 10) cette conceptualisation des vicissitudes des pulsions, affects et relations d'objet internalisées au problème du narcissisme primaire et secondaire, et je ne ferai que résumer ici mes points de vue. Comme je l'ai dit dans le premier paragraphe de ce chapitre, il existe une connection intime entre l'investissement dans le soi et l'investissement dans les objets. Le travail de Jacobson (7),

Mahler (13) et Van der Waals (18), comme mes études précédentes, vont dans le sens de notre conviction actuelle que les représentations de soi et d'objet proviennent d'une représentation soi-objet initialement indifférenciée d'où les investissements narcissiques et objectaux se développent simultanément. Contrairement au point de vue psychanalytique traditionnel selon lequel il existe d'abord un investissement narcissique de libido et plus tard un investissement objectal de libido et contrairement aux opinions de Kohut selon lequel l'investissement narcissique et l'investissement objectal débutent ensemble puis évoluent séparément, et pour lequel l'agressivité chez les personnalités narcissiques est dans une large part secondaire à leurs lésions narcissiques, je crois donc que le développement du narcissisme normal et pathologique implique toujours la relation du soi aux représentations d'objet et aux objets externes en même temps que les conflits pulsionnels impliquant à la fois libido et agressivité. La conséquence de cette position fait que le concept de « narcissisme primaire » ne me paraît plus justifié parce que, sur le plan métapsychologique, « le narcissisme primaire » et « l'investissement d'objet primaire » coïncident ; l'investissement libidinal d'une représentation primaire soi-objet « totalement bonne » l'investissement agressif d'une représentation primaire soi-objet « totalement mauvaise », et les vicissitudes du développement et des interrelations de ces deux structures primaires précèdent le développement de l'investissement libidinal d'un soi différencié.

[342] Il existe un autre emploi du terme narcissisme qui doit progressivement disparaître de l'usage. C'est le concept de « névrose narcissique » tel qu'il s'applique aux psychoses fonctionnelles, en particulier à la schizophrénie et à d'autres syndromes proches. Les études psychanalytiques des états psychotiques dans les trente dernières années ont montré la présence de relations d'objet internalisées primitives et pathologiques chez ces patients, qui sont réactivées dans le transfert. La capacité de ces patients à développer d'intenses transferts psychotiques, et non névrotiques, a rendu le terme

« névrose narcissique » - qui impliquait qu'il ne pouvait y avoir de développement de transfert - plutôt désuet.

En résumé, si mes formulations sont valables, il me semble qu'on ne peut dissocier l'étude du narcissisme de l'étude des vicissitudes à la fois de la libido et de l'agressivité et de l'étude des vicissitudes des relations d'objet internalisées. Cliniquement, lorsque nous parlons de « conflits narcissiques » nous parlons des relations normales et pathologiques entre le soi, les autres structures intrapsychiques et les facteurs de l'environnement mentionnés (dans la première partie de ce chapitre) qui influencent l'investissement libidinal (et agressif) du soi. Si l'on organise les manifestations diverses du narcissisme normal et pathologique selon une gradation, il doit être possible d'être plus précis sur le type et/ou le degré de pathologie narcissique que nous considérons dans des situations concrètes. De la même manière, le terme « résistance narcissique » peut prendre plus de signification lorsqu'on se réfère à une gradation des opérations défensives qui protègent l'estime de soi et l'intégrité du soi dans le transfert, une gradation allant des fonctions narcissiques non spécifiques des traits pathologiques de personnalité en général (toutes les défenses ont une fonction de protection de l'estime de soi), aux opérations défensives spécifiques des personnalités narcissiques en particulier.

A mesure que notre compréhension clinique et théorique du narcissisme progresse, on pourra résoudre certains problèmes de confusion de terminologie et de contradiction entre les formulations métapsychologiques et les observations cliniques. On aboutira ainsi à un usage plus précis, plus circonscrit et plus pertinent sur le plan clinique du terme narcissisme.

BIBLIOGRAPHY

1. Bibring, Edward: The Mechanism of Depression. In *Affective Disorders*, edited by Greenacre, Phyllis. New York: International Universities Press, 1953.
2. Deutsch, Helene: *Psychology of Women*. Volume 1: Girlhood. New York: Grune and Stratton, 1944, pp. 94–98.
3. Erikson, E. H.: The Problem of Ego Identity. *J. Amer. Psychoanal. Assn.*, 4:56–121, 1956.
4. Freud, S.: On narcissism: an introduction (1914). *Standard Edition*, 14:67–102, London: Hogarth Press, 1957.
5. Hartmann, Heinz: (1950) Comments on the Psychoanalytic Theory of the Ego. In *Essays on Ego Psychology*. New York: International Universities Press, 1964, pp. 113–141.
6. Jacobson, Edith: Contribution to the Metapsychology of Psychotic Identifications. *J. Amer. Psychoanal. Assoc.*, 2:239–262, 1954.
7. Jacobson, Edith: *The Self and the Object World*. New York: International Universities Press, 1964.
8. Kernberg, Otto F.: A Psychoanalytic Classification of Character Pathology. *Journal of the American Psychoanalytic Association*, 18:800–822, 1970.
9. ———: New Developments in Psychoanalytic Object Relations Theory. Parts I and III: Normal and Pathological Development. Presented to the American Psychoanalytic Association, Washington, D. C., 1971 (Unpublished).
10. ———,: New Developments in Psychoanalytic Object-Relations Theory. Part II: Instincts, Affects, and Object Relations. Presented at the Royden Astley Memorial Symposium on Narcissism, Pittsburgh, Pa., September, 1973 (unpublished).
11. Kohut, H.: *The Analysis of the Self*. New York: International Universities Press, 1971.
12. ———,: Thoughts on Narcissism and Narcissistic Rage. *The Psychoanalytic Study of the Child*, 27:360–400, 1972.
13. Mahler, Margaret, S.: *On Human Symbiosis and the Vicissitudes of Individuation. Volume I. Infantile Psychosis*. New York: International Universities Press, Inc. 1968.
14. Reich, Wilhelm: *Character Analysis*. New York: Noonday Press, 1949.
15. Rosenfeld, H.: On the Psychopathology of Narcissism: A Clinical Approach. *Int. J. Psycho-Anal.*, 45:332–337, 1964.
16. Sandler, J. and Rosenblatt, B. The Concept of the Representational World. *Psychoanal. Study of the Child*, 17:128–145, 1962.
17. Schafer, Roy: The Loving and Beloved Superego in Freud's Structural Theory. *The Psychoanalytic Study of the Child*, 15:163–188, 1960.
18. Van der Waals, H. G.: Problems of Narcissism. *Bull. Menninger Clin.*, 29:293–311, 1965.

4

L'expérience subjective du vide

[213] Un soi normal, intégré, et par conséquent concevoir les autres de façon intégrée, (représentations d'objets intégrés) garantissent un sentiment de continuité au cours du temps quelques soient les circonstances. Ils garantissent aussi les sentiments d'appartenance à un réseau de relations humaines qui rend la vie pleine de sens ; ils garantissent le « sentiment de soi » (1) que nous considérons comme admis et qui normalement n'est menacé que dans les situations de traumatismes psychologiques les plus extrêmes et inhabituels ou dans les situations vitales. Jacobson a remarqué que ce sentiment de soi qui dérive de la conscience chez l'individu d'un soi intégré, devait être distingué de « l'estime de soi » ou du « respect de soi » qui dépend de l'investissement de ce soi intégré (1).

Lorsque, pour diverses raisons, la relation normale entre le soi et le monde interne des objets (les représentations d'objets intégrées) est menacée, et, qu'apparaît quelque chose comme un abandon interne du soi par les objets internes ou une perte de ceux-ci, il se produit des expériences subjectives pathologiques, douloureuses et très perturbantes. Parmi ces expériences, prédomine un sentiment de vide et de futilité de la vie, une inquiétude et une lassitude permanente et une perte de la capacité normale de ressentir et de surmonter la solitude.

Certains patients décrivent une expérience subjective douloureuse et très perturbante qu'ils rapportent fréquemment à un sentiment de vide. Dans les cas typiques, c'est comme si ce vide était la modalité de base de leurs expériences subjectives à laquelle ils essaient d'échapper [214] en plongeant dans de nombreuses activités ou dans des relations sociales frénétiques ; en buvant, en se droguant ou en essayant d'obtenir des satisfactions pulsionnelles au travers de la sexualité, de l'agressivité, de la nourriture ou d'activités compulsives qui les détournent de leurs expériences intérieures. D'autres patients à l'opposé, semblent succomber à cette expérience du vide et acquérir ce qu'on pourrait décrire comme un style de vie mécanique - ils agissent à travers leurs activités quotidiennes avec un certain sentiment d'irréalité, avec un estompage de toute expérience subjective, si bien qu'ils semblent se fondre, pour ainsi dire, à n'importe quel environnement proche, inanimé ou humain.

L'expérience subjective du vide peut prendre diverses formes. Certains patients qui ont des dépressions névrotiques durables ou certaines structures dépressives de la personnalité connaissent cette expérience subjective de façon seulement intermittente et la décrivent comme constituant un contraste frappant avec les autres types d'expériences. Pour eux, les périodes où ils se sentent vide, se caractérisent par un sentiment de perte de contact avec les autres, qui apparaissent alors distants, inaccessibles ou mécanisés et ils se sentent eux-mêmes identiques. La vie paraît ne plus avoir de sens, il n'y a rien à rechercher, à espérer, à attendre. Ces patients ont le sentiment qu'ils ne peuvent plus aimer personne ou que jamais personne ne pourra les aimer ; toutes les relations humaines sont vides de significations ou tout au moins il n'y a plus d'amour possible. Leur monde d'objets inanimés semble plus rigoureusement délimité comme si ces objets se trouvaient propulsés de leur habituel environnement et devenaient soudain impénétrables, insignifiants, inaccessibles. Les objets inanimés de leur environnement quotidien qu'habituellement ils apprécient et aiment, deviennent étranges et douloureusement insignifiants.

Chez ces patients déprimés les sentiments sont proches du sentiment de solitude, sauf que la solitude implique une attente, et le sentiment que d'autres personnes sont nécessaires, dont l'amour est nécessaire et qui paraissent actuellement inaccessibles. L'exploration analytique révèle habituellement qu'ils souffrent d'un sentiment inconscient de culpabilité et que la « vacuité » de leur expérience subjective reflète [215] les attaques de leur surmoi, sur leur soi. La dure punition interne infligée par le surmoi consiste en un dictat implicite qu'ils ne méritent pas qu'on les aime et les apprécie et qu'ils sont condamnés à la solitude. Plus profondément, et dans les cas graves, dans leurs fantasmes internes qui proviennent de la pression du surmoi, ils ont le sentiment, à cause de leur méchanceté, d'avoir détruit leurs objets intérieurs et par conséquent de rester solitaires dans un monde maintenant privé d'amour.

D'autres patients, ceux qui ont une structure schizoïde de la personnalité, ressentent le vide comme une qualité innée qui les rend différents des autres ; contrairement aux autres, ils ne ressentent rien, sinon de se sentir coupables parce qu'ils ne disposent pas des sentiments d'amour, de haine, de tendresse, d'attente et de deuil qu'ils observent et comprennent chez les autres mais qu'ils se sentent incapables d'éprouver eux-mêmes. Pour ces patients schizoïdes, l'expérience du vide peut être moins pénible que pour les patients dépressifs parce que le contraste est moindre entre les périodes où ils se sentent vides et les autres moments où ils pourraient avoir des relations affectives avec autrui. Un sentiment interne de flottement, d'irréalité, qui a une qualité apaisante à cause de cette irréalité, rend chez ces patients schizoïdes, l'expérience du vide plus tolérable. Elle leur permet d'adopter des réactions passives de dépendance à l'égard d'autrui et de passer leur temps avec la conscience d'une réalité externe qui contraste avec leur propre expérience subjective.

Chez le thérapeute, l'expérience subjective est remarquablement différente selon qu'elle se rapporte aux patients déprimés, ou aux patients schizoïdes qui connaissent des expériences de vide. Dans la relation avec un patient qui présente une structure dépressive de la personnalité, ou une dépression névrotique permanente, le thérapeute a le sentiment d'un contact humain intense, d'empathie, et en même temps est conscient que le patient ne peut pas accepter la disponibilité affective du thérapeute bien qu'il prenne conscience de la personne réelle du thérapeute. Le sentiment inconscient de culpabilité qui empêche le patient déprimé d'accepter l'amour ou la sollicitude tel qu'on les lui offre, se traduit dans le transfert et dans la réaction affective du thérapeute à ce dernier. A l'opposé, lorsqu'il est avec des patients schizoïdes qui décrivent un sentiment subjectif de vide, [216] d'absence de toute relation affective significative, aux autres comme à la vie en général, le thérapeute peut éprouver une semblable aliénation, distance et inaccessibilité dans ses relations avec ce patient.

Une patiente, très schizoïde, déclara lors d'une séance, après plusieurs mois de traitement qu'elle était incapable d'éprouver un sentiment, et que, lorsque j'interprétais les sentiments qu'elle me portait, c'était parce que je n'avais pas conscience de son incapacité à ressentir quoi que ce soit. Elle raconta une visite chez une cousine dont le mari était considéré comme un homme très attirant. La patiente décrivait les relations avec sa cousine, le mari de sa cousine, et leur entourage, de manière telle qu'elle me donnait le vague sentiment qu'il y avait là des problèmes sexuels. Mais j'étais incapable de distinguer réellement qui avait une attirance sexuelle pour qui et ce que toutes ces personnes avaient à faire avec la patiente.

Lorsque je lui posais ces questions, je sentis par ses réponses, que le propos de cette visite à sa cousine était réellement absurde, mais je ne trouvais rien d'autre qui put paraître plus pertinent à ce moment. Moi-même j'étais de plus en plus distant et je sentais que je perdais toutes les connections entre les divers aspects de ce matériel. La seule pensée claire que je gardais à l'esprit, était que la patiente se défendait contre tout sentiment sexuel à mon égard mais ce n'était pas directement évident et j'avais le pénible sentiment que c'était de ma part une sorte de spéculation intellectuelle mécanique sur laquelle je ne pouvais compter pour baser une interprétation.

La patiente se mit alors à dire qu'il était fatiguant de s'intéresser à ce problème de sa cousine, et de faire un effort pour paraître impliquée et intéressée alors qu'en fait, elle se sentait à des kilomètres de là. Elle aurait aimé, simplement être à son travail, accomplir quelques tâches mécaniques sans faire d'effort pour répondre intérieurement. Elle mentionna aussi qu'elle avait lu quelque part l'histoire d'un cas de viol ou de quelque chose qui entraînait une expérience sexuelle pénible. De nouveau, je découvris que j'étais devenu distant et que j'avais perdu toute connection dans ce matériel. En même temps, je pris conscience que le soleil brillait dans le bureau, de ses rayons et des ombres sur les meubles, et je réalisais soudainement [217] que la patiente assise en face de moi, ressemblait à un objet presque inanimé ou plutôt qu'elle était pour moi à ce moment devenue impersonnelle, étrange et mécanique. En d'autres termes, elle venait d'induire en moi la sensation de vide et d'absurde qu'elle avait décrit dans ses rapports avec sa cousine et les autres personnes.

Je lui dis que je pensais qu'en elle, quelque chose essayait de rendre tous ses contacts humains fragmentés et dispersés, si bien que les relations humaines perdaient toutes leurs significations et que plus rien n'avait de sens. Je lui dis aussi que, parce qu'elle s'effrayait de ses fantasmes sexuels, cette dispersion ou fragmentation pouvait avoir un rôle de protection devant des sentiments sexuels tout à fait réels qu'elle avait eu à l'égard du mari de sa cousine et que ce pouvait être maintenant le même processus avec moi. La patiente déclara immédiatement qu'elle avait eu le fantasme de m'embrasser et que mon soutien plutôt paternel l'exitait sexuellement.

Cet exemple illustre une étape de la résolution de ce qui souvent peut être une situation durable de frustration et de résistance dans la relation thérapeutique de personnalité schizoïde, en particulier par la dispersion et la fragmentation des émotions dans toutes les relations humaines, qui entraînent une sensation chronique de vide chez le patient comme dans la réponse du thérapeute à ces patients. L'expérience schizoïde de vide ne se rapproche pas de la sensation de solitude ; la solitude implique une conscience pleine et intense de la possibilité de bonne relation avec les autres qui restent inaccessibles à ces patients pendant très longtemps au cours de leur traitement.

Il existe encore d'autres patients dont l'expérience du vide représente un aspect majeur de leur psychopathologie : les patients avec des structures narcissiques de la personnalité - c'est-à-dire ceux qui présentent le développement d'un narcissisme pathologique qui se caractérise par l'établissement d'un soi grandiose pathologique et par de graves détériorations de toutes leurs relations d'objet internalisées. Contrairement aux patients dépressifs et schizoïdes dont on vient de parler, l'expérience de vide chez ces patients narcissiques se caractérise par l'adjonction de vifs sentiments d'ennui et d'inquiétude. Ils ne disposent même pas de certains aspects des relations humaines que conservent - à leur manière [218] - les patients schizoïdes et (plus encore) les patients dépressifs. Les patients avec une personnalité dépressive, et même les patients schizoïdes, peuvent éprouver une profonde empathie pour les sentiments et les expériences humaines qui concernent d'autres personnes et se sentir douloureusement exclus tout en étant cependant capables d'éprouver une empathie pour l'amour ou l'émotion des autres.

Par exemple, un patient avec une personnalité dépressive, éprouvait des affects intenses lorsqu'il lisait des romans, regardait des pièces de théâtre ou écoutait de la musique ; il était capable de s'identifier en profondeur aux personnages romanesques. Une patiente schizoïde déjà mentionnée, s'intéressait beaucoup à certaine philosophie et religion, et à sa manière détachée et « papillonnante » avait conscience et se préoccupait de la vie de ses amis et de sa famille. Il lui semblait qu'elle était un observateur, venant d'une autre planète, de la « vie et des gestes » des gens de cette planète.

En revanche, les patients qui ont des personnalités narcissiques, n'ont pas cette possibilité de se sentir en empathie avec l'expérience humaine. Leur vie sociale, qui leur donne des occasions d'obtenir une confirmation, soit dans la réalité soit dans leurs fantasmes, de leur besoin d'admiration, et qui leur offre des satisfactions pulsionnelles directes, peut sembler avoir une signification, mais ceci est temporaire. Lorsque ces satisfactions ne sont pas immédiates, leur sensation de vide, d'inquiétude, et d'ennui prend le dessus. Alors, leur monde devient une prison dont ils ne peuvent s'échapper que grâce à une nouvelle excitation, admiration ou dans des expériences de contrôle, de triomphe ou d'incorporation de nouveaux apports. Ils ne disposent habituellement pas de réactions affectives profondes dans les domaines artistiques ou d'investissement dans des systèmes de valeurs éthiques ou dans une créativité qui aille au-delà de la simple satisfaction de leur but narcissique ; ils y restent étrangers.

Dans la relation thérapeutique, les personnalités narcissiques tendent à induire deux réactions affectives extrêmes et opposées, chez le thérapeute. Parfois, quand elles projettent leur propre sentiment de grandeur sur le thérapeute, celui-ci peut se vivre comme le centre de la vie du patient, comme une source de satisfaction potentielle incessante, et de sagesse, grâce à laquelle le patient se sent pleinement satisfait et vivant. Toutefois, à d'autres moments (et ceci peut, pour un thérapeute qui débute être un choc inattendu) il peut se sentir vidé, inutile, perdu, en présence d'un patient complètement omnipotent, satisfait de soi, qui se suffit à lui-même. Cette éventualité [219] survient parfois si brusquement, et pourtant après un chemin si subtil et prolongé, que le thérapeute peut très bien pendant un certain temps ne pas prendre conscience de ce qui lui arrive. Dans ces conditions, le thérapeute ressent une sensation durable de vide, lorsqu'il travaille avec un patient narcissique, d'irréalité et d'ennui, et une intense culpabilité devant cet ennui ; après un certain temps seulement, il réalise que l'ennui exprime sa conscience d'une pseudo-présence dans la pièce, l'expression d'une fausse relation où le thérapeute est en réalité traité comme l'appendice méprisable d'un patient omnipotent et omnicient. L'ennui chez le thérapeute reflète l'absence de toutes relations d'objet importantes pendant les séances et l'alerte sur l'ennui et sur l'inquiétude bien plus importante et durable du patient qui traduit son absence de relations d'objet.

De nombreux patients limites connaissent des expériences temporaires de vide, mais elles ne sont pas si importantes que chez les patients narcissiques (limites ou non) et que chez les patients schizoïdes. Certains patients qui associent des traits narcissiques et paranoïdes, oscillent entre des périodes où ils se sentent impliqués dans d'intenses réactions affectives contre de possibles ennemis qu'ils doivent repousser, mais qui leur donnent en même temps la sensation d'être en vie, et à d'autres périodes une expérience pénible de vide et de manque de signification de leur vie, lorsque les traits narcissiques prédominent, et qu'aucun ennemi proche n'est en vue. Pour certains patients narcissiques, le narcissisme pathologique constitue une défense importante contre des tendances paranoïdes primitives, et pour certains patients paranoïdes, la lutte contre de possibles ennemis est une protection contre l'expérience pénible du vide. Dans tous les cas lorsque prédomine le narcissisme pathologique, l'expérience du vide représente un pôle opposé à celui du sentiment de solitude. Souvent, les patients narcissiques n'ont rien à attendre, ou ne croient pas en la possibilité d'une relation qui ait un sens et n'ont pas conscience de l'absence d'une telle relation.

Tout ce que je viens de dire sur le symptôme du vide aboutit aux généralisations suivantes. L'expérience subjective du vide représente une perte temporaire ou permanente de la relation normale entre le soi [220] et les représentations d'objet, c'est-à-dire, avec le monde des objets intérieurs qui fixe dans la psyché les expériences significatives aux autres et qui constitue un élément de base de l'identité du moi. Les patients dont l'identitité du moi est normale, et par conséquent, avec une intégration stable du soi, et un monde stable et intégré d'objets internes, tel qu'on le voit dans les structures dépressives de la personnalité, en sont l'illustration dans les périodes où des pressions surmoïques sévères les menacent d'être abandonnés par leurs objets internes parce qu'ils ont le sentiment interne qu'ils ne méritent pas d'être aimés. Toutefois, dans ces circonstances, l'aptitude à des relations d'objet normales persiste toujours et peut s'actualiser dans le transfert et dans les autres expériences humaines.

En revanche, lorsqu'il n'y a pas eu d'intégration du soi, et qu'il n'existe pas de relation normale entre le soi et les objets internes intégrés, il s'en suit une sensation plus profondément ancrée et durable de vide et d'insignifiance du vécu de la vie quotidienne. Donc, tous les patients avec un syndrome d'identité diffuse (mais non pas de crises d'identité) ont la possibilité de développer cette expérience du vide. Cette expérience devient particulièrement vive lorsque des mécanismes actifs de dissociation primitive ou de clivage constituent la défense prédominante contre un conflit intrapsychique. Les personnalités schizoïdes, chez qui les procédés de clivage sont particulièrement intenses et peuvent conduire à une dispersion et à une fragmentation défensive des affects aussi bien que des relations internes et externes où le soi et les objets se trouvent impliqués, présentent de vifs sentiments de vide. Chez les personnalités narcissiques, où les relations normales entre un soi intégré, et des objets internes intégrés ont été remplacés par un soi grandiose pathologique avec une détérioration des objets internes, l'expérience du vide est très intense et presque constante. Dans ces cas, le vide, l'inquiétude et l'ennui, constituent une constellation de ce qu'on pourrait considérer comme une toile de fond de l'expérience narcissique pathologique. Le vide, en résumé, représente un état affectif complexe qui traduit la rupture de la polarité normale entre le soi et les objets (les unités de base de toutes les relations d'objet internalisées). Le vide est à mi-chemin entre l'espérance, la tristesse et la solitude qui représentent l'espoir du rétablissement de relations d'objet satisfaisantes d'un côté et la régression à la fusion psychotique des images totalement [221] « bonnes » de soi et d'objet (quand on ne peut tolérer la perte de la bonne relation à l'objet) de l'autre.

Dans le transfert, l'expérience subjective du vide, se reflète par les vicissitudes de la relation patient-thérapeute ; le thérapeute peut reconnaître, grâce à l'analyse de la situation du transfert et du contre-transfert, la nature de la pathologie des relations d'objet internalisées qui sous-tendent l'expérience du vide. Cette analyse a d'importantes conséquences diagnostiques et thérapeutiques ; elle permet de clarifier la nature de la pathologie structurelle qui prédomine ainsi que les modes de défenses impliquées. Parce que les patients qui ont une organisation limite de la personnalité et ceux qui ont un narcissisme pathologique, présentent une pathologie sévère des représentations de soi et d'objet, ils nécessitent une stratégie thérapeutique particulière dans le maniement de leur transfert.

Voici une esquisse de cette stratégie. A la première étape, le thérapeute doit être prévenu que l'insignifiance et la futilité sont des expériences de base qui peuvent apparaître aussi bien chez le patient que chez le thérapeute au cours des séances ; il faut reconnaître cette deshumanisation de la relation thérapeutique, en fonction des mécanismes impliqués (prédominance des opérations de clivage ou d'omnipotence primitive ou de culpabilité inconsciente ou d'envie inconsciente à l'égard du thérapeute, etc...) et il est nécessaire d'interpréter cette résistance contre une relation d'objet importante dans le transfert, ainsi que ses motifs.

A la seconde étape, le thérapeute doit évaluer la relation d'objet primitive qui en résulte, lorsque ces défenses ont été perlaborées. Selon l'image de soi et l'image d'objet correspondante qui s'y trouvent impliquées, le thérapeute peut représenter un aspect du soi dissocié du patient et/ou un aspect d'une représentation d'objet primitive ; patient et thérapeute peuvent échanger leur rôle d'image de soi ou d'objet. Il faut alors interpréter ces divers aspects du soi et des représentations d'objet et clarifier la relation humaine qui y correspond dans le transfert.

A la troisième étape, il faut intégrer cette relation particulière d'« objet-partiel » activée dans le transfert, aux autres relations d'« objet-partiel » jusqu'à ce que puissent être intégrés et consolidés le soi véritable du patient et sa conception interne des objets [222]. Ces diverses étapes représentent l'essence de la séquence que l'on rencontre au cours de la perlaboration des aspects primitifs du transfert, chez les patients qui ont une organisation limite de la personnalité et chez les personnalités narcissiques.

L'étude analytique des patients qui tentent d'échapper à leur sensation de vide en buvant ou se droguant, donne une illustration supplémentaire des caractéristiques structurelles intrapsychiques qui sont en cause. Les effets des drogues ou de l'alcool varient, je pense, selon les structures intrapsychiques des individus concernés.

Un patient, qui a une personnalité dépressive, peut ressentir, sous l'influence de l'alcool, une sensation subjective de bien-être et d'élation qu'il interprète inconsciemment comme une réunification à l'image parentale perdue, interdictrice et qui maintenant lui accorde le pardon, image qui avait provoqué la sensation inconsciente de culpabilité et de dépression. L'association de l'élation et de la dépression, de l'expansivité et du deuil chez les personnalités dépressives sous l'influence de l'alcool, illustre cette perlaboration dans le fantasme, du sentiment de culpabilité, du besoin de réparer la relation à l'objet et de la célébration des retrouvailles. A l'opposé, pour de nombreux patients limites, la prise de drogue active une sensation de bien-être et de bonté qui active les images de soi et d'objet « totalement bonnes » clivées et permet le déni des relations d'objet internalisées « totalement mauvaises ». Ils échappent ainsi à une culpabilité intolérable ou à une sensation de persécution interne. Dans le cas des personnalités narcissiques, l'absorption de drogue ou d'alcool consiste avant tout à « faire le plein » du soi grandiose pathologique, à préserver son omnipotence et à le protéger d'un environnement frustrant et hostile où on n'aperçoit ni satisfaction ni admiration.

Le potentiel de dépendance est maximum, je pense, pour les structures narcissiques de la personnalité. Le pronostic thérapeutique de ces états d'addiction est bien plus mauvais chez les personnalités narcissiques que dans le cas de patients limites sans trait narcissique ou de structure de personnalités moins régressives telles que les personnalités dépressives. D'une manière générale, le rôle psychologique de l'alcool ou des drogues, dépend fortement de la nature principale des relations d'objet intrapsychiques qui se sont constituées.

[223] On a soulevé ces dernières années une question importante à propos de la relation entre l'expérience subjective de la futilité et du vide d'un côté et l'effondrement ou des changements soudains de stabilité sociale et des valeurs culturelles de l'autre. On se pose la question de savoir si ces changements sociaux et culturels contemporains ont affecté les modèles des relations d'objet. En fonction de l'analyse

que je viens de faire, je ne pense pas que des changements dans la culture contemporaine aient des effets sur des modèles de relations d'objet, si nous définissons les relations d'objet non seulement en termes d'interactions actuelles entre une personne et une autre, mais aussi en termes de structures intrapsychiques qui gouvernent ces interactions et en termes de capacité interne à établir des rapports profonds avec les autres. De nombreux auteurs ont évoqué ce qu'on a appelé cette « société d'aliénation » et on a dit que l'aliénation sociale et culturelle peut favoriser une désintégration de la capacité à s'engager profondément dans des relations humaines.

Keniston (2, 3) lorsqu'il compare la jeunesse en révolte et la jeunesse aliénée, nous apporte d'importantes données sociologiques qui indiquent qu'un retrait généralisé des relations humaines, et une incapacité à établir des relations profondes et durables, ne sont pas un témoin culturel direct de la jeunesse, mais proviennent des conflits de la toute première enfance et de la pathologie familiale. De la même manière, je ne pense pas que des changements dans la morale contemporaine aient modifié le besoin et la possibilité d'une relation intime sous toutes ses formes. Ceci ne veut pas dire que, dans plusieurs générations, des changements dans ces modèles de relations intimes ne puissent apparaître, si et lorsque les changements dans les modèles culturels auront affectés la structure familiale de telle sorte que le développement de la première enfance pourra en être influencé. Il me semble que l'on doit distinguer entre les effets d'une désorganisation sociale, d'une rupture grave de la structure familiale et du développement de la première enfance (tout ce qui a un impact définitif sur le développement de la personnalité) et les effets d'un changement culturel rapide qui se traduisent par un changement de racines sociales et sexuelles ; ces derniers ne provoquent pas, je pense, d'expériences durables de vide et de futilité, à moins qu'il existe une pathologie grave des relations d'objet internalisées qui proviennent de l'enfance ou de la petite enfance.

BIBLIOGRAPHY

1. Jacobson, Edith, *The Self and the Object World*. New York: International Universities Press. 1964.
2. Keniston, K., *Young Radicals*. New York: Harcourt, Brace and World, Inc., 1968.
3. ———, Student Activism, Moral Development, and Morality. *Amer. J. Orthopsychiat.*, 40:577-592, 1970.

Bibliographie générale

Abraham, K., (1919). A particular form of neurotic resistance against the psychoanalytic method. *Selected Papers on Psycho-Analysis.* London: Hogarth Press, 1949, pp. 303-311.

Adler, G. (1973). Hospital Treatment of Borderline Patients. *American Journal of Psychiatry.* 130: 32-35.

Andersen, H. C. (1952). The Nightingale. *Tales of Grimm and Andersen.* New York: Modern Library, pp. 714-721.

Bellak, L. & Hurvich, M. (1969). A Systematic Study of Ego Functions. *Journal of Nervous and Mental Disease,* 148: 569-585.

Benedek, T. (1954). Countertransference in the Training Analyst. *Bull. Menninger Clin.,* 18: 12-16.

Bergeret, J. (1970). Les Etats Limites. *Revue Francaise de Psychoanalyse,* 34:605-633.

———, (1972). *Abrege De Psychologie Pathologique.* Masson & Cie Paris.

Bibring, Edward. (1953). The Mechanism of Depression. In *Affective Disorders.* ed. Phyllis Greenacre. New York: Int. Univ. Press, pp. 13-48.

——, (1954). Psychoanalysis and the Dynamic Psychotherapies. *J. Amer. Psychoanal. Assoc.* 2:745-770.

Bion, W. R. (1957). Differentiation of the Psychotic from the Non-psychotic Personalities. *Int. J. Psycho-Anal.,* 38:266-275.

———. (1967). *Second Thoughts:* Selected Papers on Psychoanalysis. London: Heinemann, pp. 86-109.

Boyer, L. B. (1971). Psychoanalytic Technique in the Treatment of Certain Characterological and Schizophrenic Disorders. *Int. J. Psycho-Anal.,* 52: 67-85.

——— and Giovacchini, P. (1967). *Psychoanalytic Treatment of Characterological and Schizophrenic Disorders.* Jason Aronson, Inc., New York.

Burstein, E., Coyne, L., Kernberg, O. & Voth, H. (1969) The Quantitative Study of the Psychotherapy Research Project. In: "Psychotherapy and psychoanalysis: Final report of the Menninger Foundation's Psychotherapy Research Project," by O. Kernberg, E. Burnstein, L. Coyne, A. Appelbaum, L. Horowitz, and H. Voth. *Bull. Menninger Clinic,* 1972, pp. 1-85.

Chessick, R. (1971) Use of the Couch in the Psychotherapy of Borderline Patients. *Archives of General Psychiatry,* 25: 306-313.

Cohen, M. B. (1952) Countertransference and Anxiety. *Psychiatry.* 15: 231-243.

Collum, J. (1972) Identity Diffusion and the Borderline Maneuver. *Comprehensive Psychiatry.* 13:179-184.

Cooperman, M. (1970) Defeating Processes in Psychotherapy. Reported in Transactions of the Topeka Psychoanalytic Society, *Bull. Menninger Clinic,* 34:36-38.

Deutsch, Helene. (1942) Some Forms of Emotional Disturbance and Their Relationship to Schizophrenia. *Psychoanal. Quart.,* 11:301-321.

———. (1944) *Psychology of Women. Volume 1: Girlhood;* New York: Grune and Stratton, pp. 94-98.

Duvocelle, A. (1971) L'Etat Limite ou Borderline Personality Organization. These Pour Le Doctorat En Medecine, Lille.

Easser, B. R. & Lesser, S. R. (1965) Hysterical Personality: A Re-evaluation. *Psychoanal. Quart.,* 34:390-405.

Eissler, K. R. (1953) The Effect of the Structure of the Ego on Psychoanalytic Technique. *J. Amer. Psychoanal. Assoc.,* 1:104-143.

Ekstein, R. & Wallerstein, J. (1956) Observations on the Psychotherapy of Borderline and Psychotic Children. *The Psychoanalytic Study of the Child*, 11:303-311. New York: Int. Univ. Press.

Erikson, E. H. (1956) The Problem of Ego Identity. *J. Amer. Psychoanal. Assn.*, 4:56-121.

——. (1959) Growth and Crises of the Healthy Personality. In: *Identity and the Life Cycle, Psychological Issues*, New York: Int. Univ. Press. 1:50-100.

Fairbairn, W. R. D. (1940) Schizoid factors in the personality *An Object-Relations Theory of the Personality*. New York: Basic Books, 1952, pp. 3-27.

——. (1944) Endopsychic Structure Considered in Terms of Object-Relationships. *An Object-Relations Theory of the Personality*. New York: Basic Books, 1952, pp. 82-136.

——. (1951) A Synopsis of the Development of the Author's Views Regarding the Structure of the Personality. *An Object-Relations Theory of the Personality*. New York: Basic Books, 1952, pp. 162-179.

Fenichel, O. (1945) Typology. In: *The Psychoanalytic Theory of Neurosis*. New York: Norton, pp. 525-527.

Fliess, R. (1942) The Metapsychology of the Analyst. *Psychoanal. Quart.*, 11:211-227.

——. (1953) Countertransferences and Counteridentification. *J. Am. Psychoanal. Assoc.*, 1:268-284.

Frank, J. D. *et. al.* (1952) Two Behavior Patterns in Therapeutic Groups and Their Apparent Motivation. *Hum. Rel.*, 5:289-317.

——. (1959). The Dynamics of the Psychotherapeutic Relationship. *Psychiatry*. 22:17-39.

Freud, A. (1936) The Ego and the Mechanisms of Defense. New York: Int. Univ. Press, 1946, pp. 45-57, 117-131.

Freud, S. (1910) The Future Prospects of Psycho-Analytic Therapy. Standard Edition. London: Hogarth Press, 1957, 11:139-151.

——. (1912) Recommendations for Physicians on the Psycho-Analytic Method of Treatment. Standard Edition. London: Hogarth Press, 1958, 12:109-120.

——. (1914) On Narcissism: An Introduction. Standard Edition. London: Hogarth Press, 1957, 14:67-102.

——. (1923) The Ego and the Id. Standard Edition. London: The Hogarth Press, 1961, 19:13-66.

——. (1925) Negation. Standard Edition. London: Hogarth Press, 1961, 19:235-239.

——. (1927) Fetishism. Standard Edition. London: Hogarth Press, 1961, 21:149-157.

——. (1931) Libidinal Types. Standard Edition. London: Hogarth Press, 1961, 21:215-220.

——. (1937) Analysis Terminable and Interminable. Standard Edition. London: The Hogarth Press, 1961, 23:216-253.

——. (1938) Splitting of the Ego in the Process of Defence. Standard Edition. London: Hogarth Press, 1964, 23:275-278.

Fromm-Reichmann, F. (1950) *Principles of Intensive Psychotherapy*. Chicago: University of Chicago Press.

——. (1952) Some Aspects of Psychoanalytic Psychotherapy with Schizophrenics. In: *Psychotherapy with Schizophrenics*, ed. Ed. B. Brody & F. C. Redlich. New York: Int. Univ. Press, pp. 89-111.

——. (1958) Basic Problems in the Psychotherapy of Schizophrenia. *Psychiatry*. 21:1-6.

Frosch, J. (1964) The Psychotic Character: Clinical Psychiatric Consideration. *Psychiatric Quarterly*, 38:81-96.

——. (1970) Psychoanalytic Considerations of the Psychotic Character. *J. Amer. Psychoanal. Assoc.*, 18:24-50.

——. (1971) Technique in Regard to Some Specific Ego Defects in the Treatment of Borderline Patients. *Psychoanal. Quart.*, 45:216-220.

Gary, G. (1972) The Borderline Condition: A Structural-Dynamic Viewpoint. *The Psychoanalytic Review*, 59:33-54.

Geleerd, E. R. (1958). Borderline States in Childhood and Adolescence. *The Psychoanalytic Study of the Child*, 13:279-295. New York: Int. Univ. Press.

Gill, M. M. (1951) Ego psychology and psychotherapy. *Psychoanal. Quart.*, 20:62-71.

———. (1954) Psychoanalysis and Exploratory Psychotherapy. *J. Amer. Psychoanal. Assoc.*, 2:771-797.

Giovacchini, P. L. (ed). (1972) *Tactics and Techniques in Psychoanalytic Therapy*. Jason Aronson, Inc.

Gitelson, M. (1952) The Emotional Position of the Analyst in the Psycho-analytic Situation. *Int. J. Psychoanal.*, 33:1-10.

———. (1958) On Ego Distortion. *Int. J. Psycho-Anal.*, 39:245-257.

Glover, E. (1955) *The Technique of Psycho-Analysis*. New York: Int. Univ. Press.

———. (1955) The Analyst's Case-List (2). *The Technique of Psycho-Analysis*. London: Bailliare; New York: Int. Univ. Press, pp. 185-258.

Greenson, R. R. (1954) The Struggle Against Identification. *J. Am. Psychoanal. Assoc.*, 2:200-217.

———. (1958) On Screen Defenses, Screen Hunger, and Screen Identity. *J. Am. Psychoanal. Assoc.*, 6:242-262.

———. (1967) *The Technique and Practice of Psychoanalysis*. New York: Int. Univ. Press.

———. (1970) The Unique Patient-Therapist Relationship in Borderline Patients, Presented at the Annual Meeting of the American Psychiatric Association. (Unpublished)

Grinker, R., Sr., Werble, B. & Drye, R. (1968) *The Borderline Syndrome*. New York: Basic Books, Inc.

Guntrip, H. (1968) *Schizoid Phenomena, Object Relations and the Self*. New York: Int. Univ. Press, pp. 275-309.

Hartmann, H. (1950) Comments on the Psychoanalytic Theory of the Ego. In: *Essays on Ego Psychology*. New York: Int. Univ. Press, 1964, pp. 113-141.

———. (1953) Contribution to the metapsychology of schizophrenia. In: *Essays on Ego Psychology*. New York: Int. Univ. Press, 1964, pp. 182-206.

———, Kris, E., & Loewenstein, R. M. (1946) Comments on the Formation of Psychic Structure. In: *The Psychoanalytic Study of the Child*. New York: Int. Univ. Press, 2:11-38.

———, & Loewenstein, R. M. Notes on the Superego. In: *The Psychoanalytic Study of the Child*, New York: Int. Univ. Press, 1962, 17:42-81.

Heimann, P. (1950) On Counter-Transference. *Int. J. Psychoanal.*, 31:81-84.

———. (1955) A Combination of Defence Mechanisms in Paranoid States. In: *New Directions in Psycho-Analysis*, ed. M. Klein, P. Heimann, & R. E. Money-Kyrle. London: Tavistock Publications. pp. 240-265.

———. (1955) A Contribution to the Re-evaluation of the Oedipus Complex: The Early Stages. In: *New Directions in Psycho-Analysis*, ed. M. Klein, P. Heimann, & R. E. Money-Kyrle, New York: Basic Books, pp. 23-38.

———. (1960) Countertransference. *Brit. J. Med. Psychol.*, 33:9-15.

Hoch, P. H. & Polatin. P (1949) Pseudoneurotic Forms of Schizophrenia. *Psychiat. Quart.*, 23:248-276.

———. Cattell, J. P. (1959) The Diagnosis of Pseudoneurotic Schizophrenia. *Psychiat. Quart.*, 33:17-43.

Holzman, P. S. & Ekstein, R. (1959) Repetition-Functions of Transitory Regressive Thinking. *Psychoanal. Quart.*, 28:228-235.

Hurvich, M. (1970) On the Concept of Reality Testing. *International Journal of Psycho-Analysis*, 51:299-312.

Jacobson, E. (1953) Contribution to the Metapsychology of Cyclothmic Depression. In: *Affective Disorders*, ed. P. Greenacre. New York: Int. Univ. Press, pp. 49-83.
———. (1954) Contribution to the Metapsychology of Psychotic Identifications. *J. Amer. Psychoanal. Assoc.*, 2:239-262.
———. (1954) Psychotic Identifications. In: *Depression*. New York: Int. Univ. Press, 1971, pp. 242-263.
———. (1957) Denial and Repression. *J. Am. Psychoanal. Assoc.*, 5:61-92.
———. (1964) *The Self and the Object World*. New York: Int. Univ. Press.
Jones, E. (1913) The God Complex *Essays in Applied Psycho-Analysis*, New York: International Universities Press, 1964, 2:244-265.
Keniston, K. (1968) *Young Radicals*. New York: Harcourt, Brace and World, Inc.
———. (1970) Student Activism, Moral Development and Morality. *Amer. J. Orthopsychiat.*, 40:577-592.
Kernberg, O. (1960) Manejo de la Contra-Transferencia en la Escuela Analitica de Washington. Presented to the Chilean Society of Psychoanalysis, (unpublished).
———. (1966) Structural Derivatives of Object Relationships. *Int. J. Psycho-Anal.*, 47:236-253.
———. (1970) A Psychoanalytic Classification of Character Pathology. *Journal of the American Psychoanalytic Association*, 18; 800-802.
———. (1971) New Developments in Psychoanalytic Object Relations Theory. Parts I and III: Normal and Pathological Development. Presented to the American Psychoanalytic Association, Washington, D. C., (Unpublished).
———. (1972) Early Ego Integration and Object Relations. *Ann. N. Y. Acad. Sci.* 193, 233-247.
———. (1973) New Developments in Psychoanalytic Object-Relations Theory. Part II: Instincts, Affects, and Object Relations. Presented at the Royden Astley Memorial Symposium on Narcissism, Pittsburgh, Pa., (Unpublished).
———; Burnstein, E.; Coyne, L.; Appelbaum, A.; Horwitz. L., and Voth, H. (1972) Psychotherapy and Psychoanalysis: Final Report of the Menninger Foundation's Psychotherapy Research Project. *Bull. of the Menninger Clinic*, 36:1-275.
Kernberg, P. (1971) The Course of the Analysis of a Narcissistic Personality with Hysterical and Compulsive Features. *J. Am. Psychoanal. Ass.* 19; 451-471.
Khan, M. M. R. (1960) Clinical Aspects of the Schizoid Personality: Affects and Technique. *Int. J. Psycho-Anal.*, 41:430-437.
———. (1964) Ego Distortion, Cumulative Trauma, and the Role of Reconstruction in the Analytic Situation. *Int. Psycho-Anal.* 45:272-279.
———. (1969) On Symbiotic Omnipotence. In *The Psychoanalytic Forum*. John A. Lindon (ed.) New York, Jason Aronson, Inc.
Klein, M. (1934) A Contribution to the Psychogenesis of Manic-Depressive States. *Contributions to Psycho-Analysis 1921-1945*. London: Hogarth Press, 1948, pp. 282-310.
———. (1940) Mourning and Its Relation to Manic-Depressive States. *Contributions to Psycho-Analysis 1921-1945*. London: Hogarth Press, 1948, pp. 311-338.
———. (1945) The Oedipus Complex in the Light of Early Anxieties: General Theoretical Summary. *Contributions to Psycho-Analysis 1921-1945*. London: Hogarth Press, 1948, pp. 377-390.
———. (1946) Notes on Some Schizoid Mechanisms. *Int. J. Psychoanal.* 27:99-110.
———. (1952) The Origins of Transference. *Int. J. Psychoanal.*, 33:433-438.
Knight, R. P. (1953) Borderline States. In: *Psychoanalytic Psychiatry and Psychology*, ed. R. P. Knight & C. R. Friedman. New York: Int. Univ. Press, 1954, pp. 97-109.
———. (1953) Management and Psychotherapy of the Borderline Schizophrenic Patient. In *Psychoanalytic Psychiatry and Psychology*, ed. R. P. Knight & C. R. Friedman. New York: Int. Univ. Press, 1954, pp. 110-122.

Kohut, H. (1966) Forms and Transformations of Narcissism. *J. Am. Psychoanal. Ass.* 14; 243-272.

———. (1968) The Psychoanalytic Treatment of Narcissitic Personality Disorders. *Psychoanal. Study Child.* 23; 86-113.

———. (1971) *The Analysis of the Self.* New York: Int. Univ. Press.

———. (1972) Thoughts on Narcissism and Narcissistic Rage. *The Psychoanalytic Study of the Child,* 27:360-400.

Laughlin, H. P. (1956) The Neuroses in Clinical Practice, Philadelphia: Saunders. pp. 394-406.

Lidz, R. W. & Lidz, T. (1952) Therapeutic Considerations Arising From the Intense Symbiotic Needs of Schizophrenic Patients. In: *Psychotherapy with Schizophrenics,* ed. E. B. Brody & F. C. Redlich. New York: Int. Univ. Press, pp. 168-178.

Little, M. (1951) Countertransference and the Patient's Response to It. *Int. J. Psychoanal.,* 32: 32-40.

———. (1958) On Delusional Transference (Transference Psychosis) *Int. J. Psycho-Anal.,* 39:134-138.

———. Countertransference (1960) *Brit. J. Med. Psychol.,* 33:29-31.

———. (1960) On Basic Unity. *Internat. J. Psychoanal.,* 41:377-384; 637.

Luborsky, L. (1962) The Patient's Personality and Psychotherapeutic Change. In: *Research in Psychotherapy, vol. II.* H. H. Strupp & L. Luborsky, eds. Washington, D. C., Amer. Psycholog. Assn., pp. 115-133.

Macalpine, I. (1950) The Development of the Transference. *Psychoanal. Quart.,* Vol. 1, 19:501-539.

Mahler, M. S. (1968) *On Human Symbiosis and the Vicissitudes of Individuation, Infantile Psychosis.* New York: Int. Univ. Press.

———. (1971) A Study of the Separation-Individuation Process and Its Possible Application to Borderline Phenomena in the Psychoanalytic Situation. *Psychoanalytic Study of the Child,* 26:403-424. New York/Chicago: Quadrangle Books.

Main, T. F. (1960) The Ailment. *Brit. J. Med. Psychol.,* 33:29-31.

Masterson, J. (1967) The Psychiatric Dilemma of Adolescence. Boston: Little, Brown, pp. 119-134.

———. (1972) *Treatment of the Borderline Adolescent: A Developmental Approach.* New York: Wiley-Interscience.

Menninger, K. A. (1958) *Hope Theory of Psychoanalytic Technique* New York: Basic Books.

———. (1959) *Amer. J. Psychiat.* 116:481-491.

———, Mayman, M., & Pruyser, P. (1963) *The Vital Balance.* New York: Viking Press, pp. 213-249.

Meza, C. (1970) El Colerico (Borderline). Editorial Joaquin Mortiz, Mexico.

Money-Kyrle, R. E. (1956) Normal Countertransference and Some of its Deviations. *Int. J. Psychoanal.,* 37:360-366.

Orr, D. W. (1954) Transference and Countertransference: A Historical Survey. *J. Am. Psychoanal. Assoc.,* 2:621-67.

Paz, C. (1969) Reflexiones Tecnicas Sobre El Proceso Analitico en los Psicoticos Fronterizos. *Revista de Psicoanalisis,* 26:571-630.

Racker, H. (1953) A Contribution to the Problem of Countertransference. *Int. J. Psychoanal.,* 34:313-324.

———. (1957) The Meanings and Uses of Countertransference. *Psychoanal. Quart.,* 26:303-357.

Rangell, I., (1955) Panel Report: The Borderline Case. *J. Am. Psychoanal. Assoc.*, 3:285-298.

Rapaport, D. (1957) Cognitive Structures. In: *Contemporary Approaches to Cognition.* Cambridge: Harvard Univ. Press, pp. 157-200.

———. & Gill, M. M. (1959). The Points of View and Assumptions of Metapsychology, *Int. J. Psychoanal.*, 40:153-162.

———. & Gill, M. M. & Schafer, R. (1945-1946), *Diagnostic Psychological Testing.* 2 vols. Chicago: Year Book Publishers, 1:16-28; 2:24-31, 329-366.

Reich, A. (1951) On Countertransference. *Int. J. Psychoanal.*, 32:25-31.

———. (1953) Narcissistic Object Choice in Women. *J. Am. Psychoanal.* Assoc., 1:22-44.

———. (1960) Further Remarks on Countertransference. *Int. J. Psychoanal.*, 41:389-395.

———. (1960) Pathological Forms of Self-Esteem Regulation. *The Psychoanalytic Study of the Child*, New York: Int. Univ. Press, 15:215-232.

Reich, Wilhelm. (1949) *Character Analysis.* New York: Noonday Press.

Reider, N. (1957) Transference Psychosis. *J. Hillside Hosp.*, 6:131-149.

Riviere, J. (1936) A Contribution to the Analysis of the Negative Therapeutic Reaction. *Int. J. Psycho-Anal.* 17; 304-320.

Robbins, L. L. (1956) Panel Report: The Borderline Case. *J. Am. Psychoanal. Assoc.*, 4:550-562.

———. & Wallerstein, R. S. (1959) The Research Strategy and Tactics of the Psychotherapy Research Project of the Menninger Foundation and the Problem of Controls. In: *Research in Psychotherapy,* ed. E. A. Rubinstein & M. B. Parloff. Washington, D.C.: Amer. Psycholog. Assn., pp. 27-43.

Robins, L. N. (1966) Deviant Children Grown Up. Baltimore: Williams & Wilkins, pp. 287-309.

Romm, M. (1957) Transient Psychotic Episodes during Psychoanalysis, *J. Amer. Psychoanal. Assoc.*, 5:325-341.

Rosenfeld, H. (1949) Remarks on the Relation of Male Homosexuality to Paranoia, Paranoid Anxiety and Narcissism. *Int. J. Psychoanal.*, 30:36-47.

———. (1952) Transference-Phenomena and Transference-Analysis in an Acute Catatonic Schizophrenic Patient. *Int. J. Psychoanal.*, 33:457-464.

———. (1955) Notes on the Psychoanalysis of the Super-ego Conflict in an Acute Schizophrenic Patient. In: *Psychotherapy of Schizophrenia and Manic-Depressive* States, ed. Azima and Glueck, Jr. Washington: Amer. Psychiat. Assoc.

———. (1958) Contribution to the Discussion on "Variations in Classical Technique." *Int. Jour. Psychoanal.*, 39:238-239.

———. (1963) Notes on Psychopathology and Psychoanalytic Treatment of Schizophrenia. In *Psychotherapy of Schizophrenia and Manic-Depressive* States, ed. H. Azima & B. C. Glueck, Jr. [Psychiatric Research Report #17] Washington, D. C.: American Psychiatric Association, pp. 61-72.

———. (1964) On the Psychopathology of Narcissism: A Clinical Approach. *Int. J. Psychoanal.*, 45:332-337.

———. (1970) Negative Therapeutic Reaction. Reported in Transactions of the Topeka Psychoanalytic Society, *Bull. of the Menninger Clinic,* 34:189-192.

Sachs, H. (1947) Observations of a Training Analyst. *Psychoanal. Quart.*, 16:157-168.

Sandler, J. & Rosenblatt, B. (1962) The Concept of the Representational World. *Psychoanal. Study of the Child,* 17:128-145.

Savage, C. (1961) Countertransference in the Therapy of Schizophrenics. *Psychiatry.* 24:53-60.

Schafer, R. (1960) The loving and beloved superego in Freud's structural theory. *The Psychoanalytic Study of the Child*, 15: 163-188. New York: International Universities Press.

Schlesinger, H. (1966). In Defense of Denial. Presented to the Topeka Psychoanalytic Society, June 1966. (Unpublished).

Schmideberg, M. (1947) The Treatment of Psychopaths and Borderline Patients. *Amer. J. Psychother.*, 1:45-70.

Segal, H. (1964) *Introduction to the Work of Melanie Klein.* New York: Basic Books.

Sharpe, E. F. (1931) Anxiety, Outbreak and Resolution. In: *Collected Papers on Psycho-Analysis.* London: Hogarth, 1950, pp. 67-80.

Spitz, R. A. (1956) Countertransference: Comments on its Varying Role in the Analytic Situation. *J. Am. Psychoanal. Assoc.*, 4:256-265.

Sterba, R. (1934) The Fate of the Ego in Analytic Therapy. *Int. J. Psycho-Anal.*, 15:117-126.

Stern, A. (1938) Psychoanalytic Investigation of and Therapy in the Borderline Group of Neuroses. *Psychoanal. Quart.*, 7:467-489.

———. (1945) Psychoanalytic Therapy in the Borderline Neuroses. *Psychoanal. Quart.*, 14:190-198.

Stone, L. (1951) Psychoanalysis and Brief Psychotherapy. *Psychoanal. Quart.*, 20:215-236.

———. (1954) The Widening Scope of Indications for Psychoanalysis *J. Amer. Psychoanal. Assoc.*, 2:567-594.

Strachey, J. (1934) The Nature of the Therapeutic Action of Psycho-analysis. *Int. J. Psycho-Anal.*, 15:127-159.

Sullivan, H. S. (1953) *Conceptions of Modern Psychiatry.* New York: Norton.

———. (1953) *The Interpersonal Theory of Psychiatry.* New York: Norton.

Tartakoff, H. H. (1966) The Normal Personality in Our Culture and the Nobel Prize Complex. In: *Psychoanalysis-A General Psychology*, ed. R. M. Loewenstein, L. M. Newman, M. Schur, & A. J. Solnit. New York: Int. Univ. Press, pp. 222-252.

Thompson, C. M. (1952) Countertransference. *Samiksa*, 6:205-211.

Ticho, E. (1966) Selection of Patients for Psychoanalysis or Psychotherapy. Presented at the 20th Anniversary Meeting of the Menninger School of Psychiatry Alumni Association. Topeka, Kansas. (Unpublished.)

———. (1972) The Development of Superego Autonomy. *Psychoanal. Rev.* 59:218-233

———. (1970) Differences Between Psychoanalysis and Psychotherapy. *Bull. Menninger Clin.* 34, 128-138.

———. (1972) The Effects of the Psychoanalyst's Personality on the Treatment. In Vol. 4 ed. John A. Lindon pp. 137-151. *Psychoanalytic Forum.* New York: Int. Univ. Press.

Tower, L. E. (1956) Countertransference. *J. Am. Psychoanal. Assoc.*, 4:224-255.

Van der Waals, H. G. (1965) Problems of Narcissism. *Bull. Menninger Clin.*, 29:293-311.

Werble, B. (1970) Second Follow-Up Study of Borderline Patients. *Archives of General Psychiatry*, 23:3-7.

Waelder, R. *et al.* (1958) Ego distortion (Panel Discussion). *Int. J. Psycho-Anal.*, 39:243-275.

Wallerstein, R. S. (1967) Reconstruction and Mastery in the Transference Psychosis. *J. Amer. Psychoanal. Assoc.*, 15:551-583.

———. & Luborsky, L., Robbins, L. L. & Sargent, H. D. (1956) The Psycho-Therapy Research Project of The Menninger Foundation: Rationale, Method and Sample Use: First Report. *Bull. Menninger Clinic*, 20:221-278.

——. & Robbins, L. L. (1956) The Psychotherapy Research Project of the Menninger Foundation (Part IV: Concepts). *Bull. Menninger Clin.*, 20:239-262.

Weigert, E. (1952) Contribution to the Problem of Terminating Psychoanalyses. *Psychoanal. Quart.*, 21:465-480.

Will, O. A. (1959) Human Relatedness and the Schizophrenic Reaction. *Psychiatry.* 22:205-223.

Weisfogel, J., Dickes, R. & Simons, R. (1969) Diagnostic Concepts Concerning Patients Demonstrating Both Psychotic and Neurotic Symptoms. *The Psychiatric Quarterly*, 43:85-122.

Winnicott, D. W. (1949) Hate in the Counter-transference. *Int. J. Psychoanal.*, 30:69-75.

——. (1955) The Depressive Position in Normal Emotional Development. *Brit. J. Med. Psychol.*, 28:89-100.

——. (1960) Countertransference. *Brit. J. Med. Psychol.*, 33:17-21.

——. (1963) The Development of the Capacity for Concern. *Bull. Menninger Clin.*, 27:167-176.

Wolberg, A. (1973) *The Borderline Patient.* Intercontinental Medical Book Corporation, New York.

Zetzel, E. R. (1956) Current Concepts of Transference. *Int. J. Psychoanal.*, 37:369-376.

——. (1966) The Analytic Situation. In: *Psychoanalysis in the Americas*, ed. Litman. New York: Int. Univ. Press, 1966, pp. 86-106.

——. (1971) A Developmental Approach to the Borderline Patient. *American Journal of Psychiatry*, 127:867-871.

Zilboorg, G. (1941) Ambulatory Schizophrenias. *Psychiatry.* 4:149-155.

——. (1957) Further Observations on Ambulatory Schizophrenia. *Amer. J. Orthopsychiat.* 27:677-682.

INDEX

I

J

K

L

M

N

O

P

Table des matières

Fiche technique : cet ouvrage a été achevé d'imprimer le 4 janvier 1991 sur les presses de l'Imprimerie du Sud à Toulouse, sur Bouffant Odéon 80 g en 66 x 100 pour le texte et Chromocard 260 g en 75 x 105 pour la couverture. Photogravure : Graphot. Brochage : Spit-Brochage. 2R/1500/3900.

Dépôt légal : février 1991